Le Dictionnaire des Concepts en Marketing de réseau.

Comprendre le jargon en marketing relationnel
pour réussir, sans migraine.

Raphaël Blagnac

Copyright © Raphaël Blagnac - Juin 2024

Code ISBN : 9798328893268
Imprimé à la demande par Amazon

Reproduction interdite

Selon les paragraphes 2 et 3 de l'article L. 122-5 du Code de la propriété intellectuelle, seules sont autorisées, d'une part, les « copies ou reproductions strictement réservées à l'usage privé du copiste et non destinées à une utilisation collective », et d'autre part, sous réserve de mentionner le nom de l'auteur et la source, les « analyses et courtes citations justifiées par un caractère critique, polémique, pédagogique, scientifique ou informatif ». Par conséquent, toute représentation ou reproduction, intégrale ou partielle, réalisée sans le consentement de l'auteur, de ses ayants droit ou de ses ayants cause, est illicite (article L. 122-4). Une telle représentation ou reproduction, quel que soit le procédé utilisé, constituerait une contrefaçon passible des sanctions prévues par les articles L. 335-2 et suivants du Code de la propriété intellectuelle.

" Nous ne « recrutons » pas les gens, nous les « parrainons ». Notez la différence : parrainer un distributeur signifie travailler pour lui ! "

***Don* Failla**

Le dictionnaire des concepts en marketing de réseau

Au Sommaire

Introduction: *Comment les mots transforment votre réussite en marketing de réseau.*   **8**

Avant-propos: *Comment bien démarrer en marketing relationnel avec un premier concept utile.*   **12**

Partie 1: *Comment utiliser à votre avantage cet ouvrage.*   **16**

Table des entrées lexicales. Pour naviguer facilement dans ce livre.   **18**

Partie 2 - A à Z : *entrées lexicales détaillées. Le cœur de ce dictionnaire: 200 concepts clés.*   **24**

Partie 3 - Mais encore... *Pour conclure.*   **160**

Perspectives d'avenir.   **162**

Bibliographie: *Pour approfondir vos connaissances.*   **166**

Notes & références: *Pour compléter votre lecture*   **168**

Introduction

Comment les mots transforment votre réussite en marketing de réseau.

Nous vivons le réel comme nous le décrivons. Les mots ont un infini pouvoir sur nos vies. Quand vous en avez conscience, le langage devient un outil professionnel. Bien avant Internet, les vendeurs par correspondance l'avaient bien compris. Leurs lettres de vente, presque hypnotiques, créaient une réalité à laquelle leurs clients aspiraient. La présence physique d'un vendeur n'était plus nécessaire. Ces entreprises avaient davantage besoin d'un rédacteur que d'un vendeur. Ce métier rédactionnel portait un nom : le marketing direct. Le copywriting, la persuasion par écrit, lui doit tout.

Les mots comme il faut ne servent pas qu'à vendre, fort heureusement. Ils soignent également.

Les thérapeutes en témoignent. Les mots racontent des histoires qui touchent le cœur des gens. Les politiques le savent bien dont on dit qu'ils portent un narratif. D'ailleurs, nous avons tous le narratif de notre vision du monde. Les études sont nombreuses qui montrent les liens et les corrélations entre le langage et la pensée. Entre la maîtrise de la langue et la compréhension de nos environnements.

Aider les gens à comprendre leur monde, je connais. J'ai passé ma vie entière à suivre des formations et à en animer. Quand je participe à une formation, quand j'apprends quoi que ce soit, je m'abreuve de prises de notes. Chez moi, vous trouveriez je ne sais plus combien de bacs scellés et remplis de carnets. Lesquels sont pleins de notes consignées durant les conventions auxquelles j'ai souvent participé en marketing de réseau. J'écoutais les intervenants comme un entomologiste examine à la loupe un insecte. Je veux dire : leurs tournures de phrases, leurs arguments, leurs phrases clés, leur vocabulaire technique. Et je construisais ainsi mes propres argumentaires.

Il m'est arrivé de déjeuner avec des leaders au succès incroyable. A chaque fois, je ne finissais pas mon repas, trop occupé que j'étais à noter les réponses aux questions dont je les bombardais.

Les mots ont une telle importance à mes yeux que je leur dois toutes mes réussites professionnelles.

Et j'aimerais vous transmettre cette passion pour l'art de la formulation.

C'est dans cet état d'esprit que j'ai créé *Le dictionnaire des concepts en marketing de réseau*. La vente directe, le MLM, le marketing relationnel, le network marketing, peu importe le nom qu'on lui donne, c'est tout un univers. Qui a ses règles, ses codes, son référentiel de compétences, donc son langage. Ce métier, car c'en est un, devient vite obscur quand on débute.

Est-ce la raison pour laquelle certains abandonnent ? Dire que les gens jettent l'éponge par manque de résultat n'explique rien du tout. Vous ne diriez pas qu'une pomme tombe de l'arbre parce qu'elle est lourde. C'est bien plus subtil. Le subtil en marketing de réseau désigne des principes directeurs sous-jacents. Entendez des règles de fonctionnement qui conditionnent le succès, comme le *Pentagone de la croissance* à la lettre P dans ce dictionnaire. Les méconnaître, ou mieux si je puis dire, ne pas en tenir compte, entraîne une chute de la *Productivité* du distributeur indépendant. Ce dictionnaire permet d'entrer de plain-pied dans une culture du résultat.

Il a été pensé pour compléter les kits de démarrage. Le distributeur qui débute y verra l'aspect professionnel et donc très sérieux de son activité, tel que le *Rapport du CREDOC* en parle à la lettre R. C'est aussi un cadeau destiné aux partenaires que vous souhaitez récompenser en reconnaissance de leurs performances.

Avant-propos

Comment bien démarrer en marketing relationnel avec un premier concept utile.

Pour bien débuter en marketing relationnel, deux chemins s'offrent à vous, selon que vous bénéficiez ou non d'un tutorat. Si vous êtes en phase de démarrage, vous entrez dans une période d'apprentissage intense. Le parrain ou la marraine, en tant que tuteur, peut vous guider et vous soutenir. Cependant, tout le monde n'a pas la chance d'avoir un binôme avec son sponsor. Si vous êtes dans ce cas, ce sera alors l'occasion de développer votre autonomie, une compétence essentielle qui, en soi, est un exercice de leadership. Les leaders dans ce domaine sont connus pour leur débrouillardise et leur capacité à s'adapter.

Imaginez que vous achetez une voiture neuve : vous lisez tout à son sujet, vous voulez en comprendre tous les aspects. Votre opportunité d'affaires est ce véhicule, et plus vous le maîtrisez, plus rapidement vous atteindrez vos objectifs. Ainsi, approfondir votre compréhension et votre utilisation de cet outil sera crucial pour votre succès.

Traditionnellement, on disait qu'il fallait environ douze mois pour maîtriser le marketing relationnel. Aujourd'hui, avec l'essor des réseaux sociaux, il est décisif de dominer au moins une plateforme pour accélérer vos résultats. Bien que cela puisse sembler exiger deux fois plus de travail, maîtriser une seule plateforme sociale, comme Instagram, Facebook, LinkedIn ou TikTok, peut grandement accélérer votre progression. Choisissez-en une et devenez-en l'expert. Six mois suffisent souvent pour obtenir des résultats motivants. Cette approche est particulièrement bénéfique si votre réseau d'assistance est limité.

En revanche, si vous avez un encadrement disponible, suivez rigoureusement le parcours d'intégration proposé. Restez humble, et considérez-vous comme un apprenti, un "padawan" dans le jargon de l'univers de Star Wars. Le marketing relationnel, comme tout autre métier, possède son propre *référentiel de compétences* (notre premier concept utile). Assurez-vous de valider chaque étape de votre apprentissage pour maîtriser ce savoir-faire.

Que vous soyez accompagné ou non, équipez-vous de ce petit dictionnaire pratique. Il vous permettra de vous familiariser avec le vocabulaire et les concepts essentiels de ce nouveau monde, facilitant ainsi votre intégration et votre succès dans le marketing relationnel.

Ce livre représente pour moi une occasion de partager les enseignements que j'ai acquis grâce à mon expérience de ce métier. Ayant eu l'opportunité de vous transmettre ce savoir, j'espère qu'il vous aidera également à atteindre vos objectifs. Aujourd'hui, je souhaiterais recueillir votre avis sincère sur Amazon. Non pas pour flatter mon ego, mais pour comprendre ce que ce livre vous a apporté, ce que vous avez particulièrement apprécié, et ce qui, peut-être, vous a manqué. Vos retours me permettront de continuer à enrichir et à améliorer cet ouvrage, car je prévois de le mettre à jour régulièrement.

Enfin, nous utiliserons MLM, marketing de réseau, marketing relationnel ou vente directe de manière interchangeable (26).

Le dictionnaire des concepts en marketing de réseau

Partie 1

Comment utiliser à votre avantage cet ouvrage.

Comme avec Freud qui disait qu'un cigare n'est jamais qu'un cigare pour éviter de tomber dans le piège de la surinterprétation, un dictionnaire n'est jamais qu'un dictionnaire. Inutile de lui demander plus.

Cela étant, voici quelques conseils pour en tirer le meilleur. Chaque entrée lexicale comporte une définition, une explication détaillée, un exemple et un conseil pratique. Cela permet d'approfondir chaque mot clé ou concept qui appartient à l'univers du marketing de réseau. Peut-être jugerez-vous qu'il en manque quelques-uns que je n'ai pas mentionnés. Il a fallu faire des choix dans l'espace restreint d'un petit guide lexical. Mais je suis ouvert à vos suggestions pour améliorer ce guide. Par ailleurs, chaque mot clé est un sujet de post pour vos réseaux sociaux, voire un sujet du jour dans vos formations en ligne.

Comme il peut compléter vos kits de démarrage, vous pouvez l'offrir en guise de bienvenue. Puis demandez au nouvel arrivant de s'imprégner du vocabulaire du métier, à raison d'une unité lexicale tous les jours. Cela devient une entrée en matière pour vos entretiens à venir.

Table des entrées lexicales.

Pour naviguer facilement dans ce livre.

Plongez dans l'univers du marketing de réseau avec notre table des entrées lexicales. Chaque terme vous ouvrira la porte à de nouvelles connaissances et stratégies.

Le dictionnaire des concepts en marketing de réseau

À 6 chiffres 28
À temps choisi 29
Abus de charisme 29
Accord gouvernemental 30
Accusation sectaire 30
Actif comptable 31
Affiliation 32
Appel à trois 32
Approche de personne à personne 33
Arbre 34
Atteinte de palier 34
Attitude 35
Autoship 35
Avantages en nature 36
B
Bâtisseurs 38
Blogging MLM 39
Bonus 39
Bonus de groupe 40
Bouche-à-oreille 41
Branche 41
Business for Home 42
C
Canal de distribution 43
Carrière de quatre ans 44
Centre de support 44
Cercle d'influence 45
Certification professionnelle 45
Client au détail 46
Coachabilité 46
Cohésion d'équipe 47
Commande automatique 48
Commission 48
Commission d'équipe 49
Commission paritaire (FVD) 49
Commissions de matching 50
Compagnie de marketing de réseau 50
Compression dynamique 51
Construire en profondeur 52
Convention 53
Core team 53
Cotisation foncière des entreprises (CFE) 54
Cross line 55
Cumul vente directe et indemnités France Travail 55
Cycle de rémunération 56
Cycle de vente 56
D
Déhiérarchisation 58
Démarrage rapide 59
Démonstration 59
Développement personnel 60
Distributeur indépendant 60
Distributeur-client 61
Down line 61
Droit d'exploitation commercial 62
Droits d'entrée 62
DSA 63
Duplicabilité 63

Le dictionnaire des concepts en marketing de réseau

Duplication 64
Dynamique de groupe 64
E
Échantillonnage 66
Édification 67
Effet cumulé 67
Effet levier 68
Enrôlement 68
Enseigner la réussite 69
Entrepreneur collaboratif 69
Entrepreneuriat collaboratif 70
Entreprise à domicile 70
Entretien de qualification 71
Épinglette 71
Équipe de rêve 72
Estime sociale 72
Être à midi 73
Événement de reconnaissance 73
Événement de recrutement 74
Exclusivité territoriale 75
Exemplarité. 75
F
Filleul 77
Focus 78
Fractale 78
Franchise en base de TVA 79
Front line 79
FVD 80
G
Généalogie 82

Génération 83
Gig Economy 83
I
Intérêts composés 85
Invitation 86
K
Kit de démarrage 87
L
Lead 88
Leader 89
Leadership 89
Liberté financière 90
Licence professionnelle 90
Ligne de parrainage 91
Lignée 91
Liste de noms 92
M
Marché froid/chaud 93
Marge 94
Marketing communautaire 94
Marketing d'attraction 95
Marketing de contenu 95
Marketing de réseau 96
Marketing expérientiel 97
Marketing participatif 97
Marketing relationnel 98
Marque souterraine 98
Micro-franchise 99
Migration de réseau 99
MLM (Marketing de réseau) 100

Le dictionnaire des concepts en marketing de réseau

MLM d'investissement 101
Modèle économique 101
Momentum 102
Mouvement F.I.R.E 103
N
Network marketing 104
Niveau 105
O
Objections 106
Opportunité d'affaires 107
Outils de présentation 107
P
Panier d'achat moyen 109
Parrain, marraine 110
Parrainage 110
Pentagone de la croissance 111
Pitch de vente 111
Placement direct 112
Placement stratégique 113
Plan Binaire 113
Plan carrière 114
Plan de compensation 115
Plan hybride 115
Plan matriciel 116
Plan unilevel 117
Point 117
Ponzy 118
Ponzy game 119
Premier cercle 119
Prendre une position 120
Présentation d'affaires 120

Prix de gros 121
Procrastination 121
Productivité 122
Produit du produit 122
Progression géométrique 123
Projet de vie 124
Promotion 124
Prospect 125
Prospectus 126
Q
Qualification 127
Qualification mensuelle 128
Quota de ventes 128
R
Rang 130
Rapport du CREDOC 131
Recommandation 131
Recrutement délégué 132
Rejet 132
Relationnel 133
Réseau 134
Réseau de consommateurs associés 134
Réseau fantôme 135
Réseautage 135
Résilience 136
Réunion à domicile 136
Revenu complémentaire 137
Revenu passif 137
Revenu récurrent 138
Revenu résiduel 138

Le dictionnaire des concepts en marketing de réseau

Royalties 139
S
Script 140
Seldia 141
Social selling 141
Sponsor 142
Statistiques de rémunération 142
Step tracker 143
Stockage 143
Storytelling 144
Stratégie du billard 144
Suivi 145
Système 145
Système de formation 146
T
Taux de renouvellement 147
Taux de rétention 148
Taux de transformation 148
Tête de réseau 149
Trafic d'influence 149
Tunnel de parrainage 150
Tunnel de vente 150
U
UFC Que choisir ? 152
Up-line 153
V
VDI 154
Véhicule 155
Vente directe 155
Vente multiniveaux 156

Vente pyramidale 156
Vente sociale 157
Vision 158
Volume de groupe 158
Volume personnel 159
Volume qualifiant 159
Z
Zoom 160

Partie 2

A à Z : entrées lexicales détaillées.

Le cœur de ce dictionnaire.

À 6 chiffres

Définition : Le terme "à 6 chiffres" dans le contexte du marketing de réseau fait référence à un revenu annuel ou mensuel d'au moins 100 000 unités monétaires (dollars, euros, etc.). Ce seuil est souvent considéré comme un marqueur de succès significatif et d'expertise dans l'industrie du marketing de réseau.

Explications détaillées : Atteindre un revenu à 6 chiffres est un objectif ambitieux pour de nombreux distributeurs en marketing de réseau. Ce niveau de revenu nécessite généralement une combinaison de ventes personnelles élevées, un solide réseau de distributeurs actifs et efficaces, ainsi qu'une bonne maîtrise des stratégies de marketing et de développement d'équipe. Les revenus à 6 chiffres peuvent provenir de diverses sources telles que les commissions de vente directe, les bonus de recrutement, les primes de performance et les revenus résiduels.

Exemple : Visitez *Business For Home*, le site de classement mondial des plus hauts revenus en MLM.

Le dictionnaire des concepts en marketing de réseau

Conseil pratique : Définissez des objectifs clairs. Pour atteindre un revenu à 6 chiffres, il est crucial de définir des objectifs Spécifiques, Mesurables, Atteignables, Pertinents et Temporellement définis (SMART).

À temps choisi

Définition : "À temps choisi" désigne la flexibilité de travailler selon ses propres horaires, un avantage clé du marketing de réseau permettant de concilier vie professionnelle et personnelle.

Explications détaillées : Cette flexibilité est l'une des raisons principales pour lesquelles le marketing de réseau attire beaucoup de monde. Elle permet de travailler à son propre rythme, de gérer ses obligations familiales et de poursuivre d'autres intérêts ou activités.

Exemple : Sophie, mère de deux enfants, choisit de travailler en matinée et en soirée pour être disponible durant la journée pour sa famille. Grâce à cette flexibilité, elle parvient développer son réseau tout en participant activement à la vie de ses enfants.

Conseil pratique : Priorisez les tâches. Concentrez-vous sur les activités à forte valeur ajoutée, telles que les ventes et le recrutement, pour maximiser vos résultats dans le temps que vous avez alloué.

Abus de charisme

Définition : L'abus de charisme dans le marketing de réseau fait référence à l'utilisation excessive ou manipulatrice de son charme ou de son influence pour obtenir des avantages personnels au détriment des autres membres de l'équipe ou des prospects.

Explications détaillées : Un leader charismatique peut inspirer et motiver, mais lorsqu'il utilise son charisme de manière abusive, il peut manipuler les membres de son réseau pour servir ses propres intérêts. Cela peut inclure des promesses irréalistes, une pression excessive pour atteindre des objectifs ou l'exploitation des faiblesses des autres. Un tel comportement peut conduire à un environnement toxique, à une perte de confiance et à des départs massifs de distributeurs.

Exemple : Un leader qui utilise son charisme pour persuader de nouvelles recrues de faire des investissements financiers importants en promettant des gains rapides et sans risque, sachant que ces promesses sont irréalistes. (1)

Conseil pratique : Éthique et transparence. Soyez toujours honnête et transparent dans vos communications et promesses. Évitez de surestimer les opportunités et reconnaissez les défis.

Accord gouvernemental

Définition : A strictement parler, un accord de gouvernement est un document qui définit les accords conclus entre plusieurs parties dont l'Etat. En marketing de réseau, il désigne les réglementations négociées pour encadrer et légitimer les activités des entreprises de vente directe.

Explications détaillées : Ces accords visent à protéger les consommateurs et les distributeurs, à garantir des pratiques commerciales équitables et à prévenir les fraudes, ainsi qu'à stimuler l'économie.

Exemple : En 2010 et 2013, l'Etat, Pôle Emploi et la FVD ont signé des accords-cadres en vue de favoriser l'emploi dans le secteur de la vente directe (MLM). Les objectifs étaient d'atteindre 100 000 insertions professionnelles en trois ans.

Conseil pratique : Ne présumez pas qu'une entreprise de vente directe est en conformité légale uniquement parce qu'elle est inscrite à un registre professionnel.

Accusation sectaire

Définition : L'accusation sectaire en marketing de réseau fait référence aux critiques selon lesquelles certaines entreprises de marketing de réseau opèrent de manière similaire à des sectes, en utilisant des techniques de manipulation et de contrôle mental pour recruter et retenir des membres.

Explications détaillées : Ces accusations proviennent souvent des pratiques perçues comme abusives, telles que l'endoctrinement, la pression pour un engagement total. Ceci explique-t-il cela. Le livre *Y croire et en rêver*, de l'anthropologue *Nathalie* **Luca,** montre les origines pentecôtistes de la vente directe. Il faut aussi dire que ce qui n'est pas compris est rejeté. Dans les années 90, fonder une association loi 1901 pour enseigner le yoga était également mal perçu, avec des préjugés que je vous laisse imaginer.

Exemple : Une entreprise de marketing de réseau qui oblige ses membres à participer à de longs séminaires coûteux, promettant des succès extraordinaires et utilisant des techniques de motivation extrêmes pour encourager un dévouement total.

Conseil pratique : Maintenez des pratiques commerciales transparentes et éthiques. Évitez toute forme de manipulation ou de pression excessive sur vos membres.

Actif comptable

Définition : Un actif comptable en marketing de réseau désigne les ressources économiques possédées par une entreprise ou un distributeur individuel, qui sont susceptibles de générer des bénéfices futurs.

Explications détaillées : Dans beaucoup de sociétés MLM, vous êtes libre de céder votre activité à un tiers. Dans la mesure où celle-ci possède une valeur marchande, elle devient un actif au sens comptable du terme. « Les éléments de l'actif ont une valeur économique positive » (2). Selon Richard Bliss Brooke, une activité avec 6800 $ de commissions mensuelles peut se revendre 1 200 000 $.

Exemple : Une entreprise respectueuse de ses distributeurs, lors du décès d'un distributeur, transfère l'activité et les revenus de ce dernier à ses ayants droit.

Conseil pratique : Réglementation interne. Vérifiez que votre société de vente directe permet ce type de transaction.

Affiliation

Définition : L'affiliation dans le marketing de réseau est un partenariat où un distributeur promeut les produits ou services d'une entreprise en échange de commissions sur les ventes générées par ses efforts.

Explications détaillées : Certains marketeurs établissent une distinction entre le marketing de réseau et les programmes d'affiliation, probablement par crainte d'être associés à la mauvaise réputation du MLM. Cependant, dans ces deux activités prétendument distinctes, il s'agit en réalité d'une opération de parrainage rémunéré. D'une certaine façon, le marketing d'affiliation est un marketing de réseau en ligne à un ou deux niveaux.

Exemple : Claire, présente sur TikTok, communique sur la beauté. Ses abonnés utilisent un lien cliquable et personnalisé pour acheter des produits, et Claire reçoit une commission sur chaque vente effectuée grâce à ce lien.

Conseil pratique : Créez du contenu de qualité sur les réseaux sociaux. Proposez des contenus éducatifs et attractifs qui préparent votre audience à s'intéresser à vos produits.

Appel à trois

Définition : L'appel à trois est une technique de recrutement en marketing de réseau où un distributeur invite un prospect à une conversation téléphonique ou en ligne avec un parrain ou un leader expérimenté pour répondre aux questions et fournir des témoignages de réussite.

Explications détaillées : Cette méthode est utilisée pour renforcer la crédibilité des informations présentées au prospect et pour tirer parti de l'expérience et de l'expertise du leader. L'objectif est de rassurer le prospect, d'apporter des réponses précises à ses questions et de démontrer l'efficacité du soutien et de l'accompagnement offerts par l'équipe.

Exemple : Julie, une nouvelle distributrice, invite son prospect à un appel avec son up-line, Pierre, qui partage son propre parcours de succès dans l'entreprise et répond aux questions techniques sur le plan de compensation et les produits.

Conseil pratique : Préparation. Préparez-vous à l'avance avec votre up-line pour discuter des points clés à aborder et des questions potentielles du prospect.

Approche de personne à personne

Définition : L'approche de personne à personne en marketing de réseau désigne une méthode de vente directe où les distributeurs interagissent directement avec les prospects pour présenter les produits et opportunités d'affaires de manière personnelle et engageante.

Explications détaillées : Cette méthode repose sur des interactions individuelles, telles que des rencontres en face-à-face, des appels téléphoniques ou des discussions en ligne. Elle permet de créer une connexion personnelle, de répondre directement aux questions et préoccupations des prospects, et de bâtir des relations de confiance. L'approche de personne à personne est efficace car elle humanise le processus de vente et permet une personnalisation qui n'est pas possible avec les méthodes de marketing de masse.

Exemple : Corinne organise des réunions à domicile avec ses prospects pour présenter des produits textiles.

Conseil pratique : Écoute active. Pratiquez l'écoute active pour comprendre les besoins et les préoccupations de vos prospects, et adaptez votre présentation en conséquence.

Arbre

Définition : Un arbre, dans le contexte du marketing de réseau, est une représentation graphique de la structure hiérarchique des distributeurs, montrant comment chaque membre est connecté aux autres au sein du réseau.

Explications détaillées : L'arbre est utilisé pour visualiser l'organisation des distributeurs et leur position dans le réseau. Il illustre la relation de parrainage, où chaque nouveau distributeur est placé sous un parrain (sponsor) existant, créant ainsi des "branches" et des "niveaux". Cette structure aide à gérer et à suivre les performances, les commissions, et la croissance du réseau. Notez qu'un arbre n'a pas la figure géométrique d'une pyramide.

Exemple : Sophie parraine trois nouveaux distributeurs, chacun parrainant à son tour d'autres membres, formant ainsi un arbre avec Sophie à la base et les autres distributeurs répartis en différentes branches sous elle.

Conseil pratique : approfondissez l'utilisation de votre back-office, non seulement pour vous, mais aussi pour l'expliquer à vos futurs partenaires.

Atteinte de palier

Définition : L'atteinte de palier en marketing de réseau fait référence à l'accomplissement d'un niveau spécifique de performance ou de vente, souvent récompensé par des bonus, des titres ou des avantages supplémentaires.

Explications détaillées : Les paliers sont des objectifs définis dans le plan de compensation d'une entreprise de marketing de réseau. Atteindre ces paliers peut signifier atteindre un certain volume de ventes, recruter un nombre spécifique de nouveaux distributeurs ou aider les membres de son équipe à progresser. Chaque palier représente une étape dans la carrière d'un distributeur, offrant des incitations pour motiver et encourager la croissance continue.

Exemple : Christophe atteint le palier de "Manager" en réalisant un volume de ventes mensuel de 10 000 euros et en recrutant cinq nouveaux distributeurs actifs. En récompense, il reçoit un bonus de 1 000 euros et un titre officiel.

Conseil pratique : Fixez-vous des objectifs. Décomposez les objectifs de paliers en étapes plus petites et réalisables. Suivez régulièrement vos progrès pour rester sur la bonne voie.

Attitude

Définition : L'attitude en marketing de réseau fait référence à l'état d'esprit et aux comportements d'un distributeur qui influencent sa capacité à réussir et à inspirer les autres.

Explications détaillées : Une attitude positive est cruciale en marketing de réseau, car elle affecte non seulement la motivation personnelle, mais aussi la perception et l'engagement des prospects et des membres de l'équipe. Les distributeurs avec une attitude proactive, optimiste et résiliente sont plus aptes à surmonter les défis, à maintenir une motivation élevée et à inspirer confiance. L'attitude inclut également la manière dont on réagit aux refus, gère les critiques et persévère face aux obstacles.

Exemple : Paul, confronté à plusieurs refus consécutifs, maintient une attitude positive en les considérant comme des opportunités d'apprentissage, ce qui l'aide à affiner son approche et à réussir par la suite.

Conseil pratique : Investissez dans le développement personnel par la lecture, la formation et la participation à des séminaires pour renforcer une attitude positive.

Autoship

Définition : L'autoship est un service de livraison automatique et récurrente de produits, souvent utilisé dans le marketing de réseau pour garantir un approvisionnement continu aux clients et des revenus réguliers aux distributeurs.

Explications détaillées : Avec l'autoship, les clients s'inscrivent pour recevoir des produits à intervalles réguliers (mensuels, trimestriels, etc.), ce qui assure leur fidélité. Ce système est particulièrement avantageux pour les produits de consommation courante, tels que les suppléments nutritionnels, les produits de beauté et les articles ménagers. L'autoship contribue à stabiliser les revenus des distributeurs en garantissant des ventes répétées.

Exemple : Lisa propose à ses clients un programme d'autoship pour des vitamines, assurant une livraison mensuelle. Cela lui permet de prévoir ses ventes.

Conseil pratique : Assurez-vous que les clients peuvent facilement modifier ou annuler leur abonnement pour maintenir leur satisfaction et éviter les frustrations.

Avantages en nature

Définition : Les avantages en nature dans le marketing de réseau sont des biens ou services offerts aux distributeurs en plus de leur rémunération monétaire. Ils peuvent inclure des produits gratuits, des voyages, des voitures de société, et d'autres récompenses matérielles.

Explications détaillées : Ces avantages sont souvent utilisés pour motiver et récompenser les distributeurs performants, renforcer la fidélité et encourager une compétition saine. En plus de leur valeur matérielle, les avantages en nature ont un impact psychologique positif, renforçant le sentiment d'appartenance et de reconnaissance. Ils peuvent également servir de vitrine pour les produits de l'entreprise, incitant les distributeurs à en parler davantage et à les promouvoir.

Exemple : Lucie reçoit une voiture de société après avoir atteint un certain niveau de ventes annuelles, ce qui non seulement améliore sa qualité de vie mais aussi son image professionnelle.

Conseil pratique : Mettez en avant les avantages en nature dans vos communications pour attirer et motiver les distributeurs potentiels (voyages, formations, tutorat...).

B

Bâtisseurs

Définition : Les bâtisseurs sont des distributeurs qui se concentrent sur la construction et le développement de leur réseau, en recrutant et en formant activement de nouveaux membres pour créer une organisation solide et prospère. (3)

Explications détaillées : Les bâtisseurs jouent un rôle crucial dans la croissance d'une entreprise de marketing de réseau. Leur objectif principal est d'élargir leur équipe en attirant de nouveaux distributeurs et en les aidant à réussir. Ils investissent du temps dans le mentorat, la formation et le soutien continu, assurant ainsi que chaque membre de leur réseau dispose des outils et des connaissances nécessaires pour atteindre ses objectifs.

Exemple : Medhi, un bâtisseur expérimenté, organise régulièrement des sessions de formation et des webinaires pour ses nouvelles recrues, partageant des stratégies éprouvées et des conseils pratiques pour réussir en marketing de réseau.

Conseil pratique : Soutien et motivation. Maintenez un

environnement de travail positif et motivant, en célébrant les succès et en soutenant les membres de votre équipe dans les moments difficiles.

Blogging MLM

Définition : Le blogging MLM (Multi-Level Marketing) désigne l'utilisation d'un blog pour promouvoir les produits et opportunités d'affaires d'une entreprise de marketing de réseau, attirant ainsi des prospects et des clients potentiels grâce à du contenu pertinent et engageant.

Explications détaillées : Le blogging MLM est un instrument de présence en ligne pour démontrer son expertise et sa crédibilité dans le domaine. Un blog bien géré attire tous les jours des milliers de visiteurs, et sert de plateforme pour la génération de leads et le recrutement de nouveaux distributeurs.

Exemple : Thomas utilise son blog pour partager des conseils sur le développement personnel et le succès en marketing de réseau, incluant des histoires de réussite, des stratégies éprouvées, et des revues de grandes marques en MLM.

Conseil pratique : Publiez régulièrement du contenu informatif et utile pour votre audience cible, en répondant à leurs questions et en résolvant leurs problèmes (4).

Bonus

Définition : Un bonus en marketing de réseau est une rémunération supplémentaire accordée aux distributeurs pour atteindre des objectifs spécifiques ou réaliser des performances exceptionnelles, en complément des commissions de vente habituelles.

Explications détaillées : Les bonus peuvent prendre différentes formes, telles que des primes en argent, des voyages, des cadeaux ou des produits gratuits. Ils sont conçus pour motiver et récompenser les distributeurs pour leurs efforts et leurs succès. Les bonus peuvent être basés sur diverses actions, comme le recrutement de nouveaux membres, l'atteinte de certains volumes de vente, ou la progression dans les niveaux de leadership de l'entreprise.

Exemple : Emma reçoit un bonus en argent pour avoir recruté cinq nouveaux distributeurs en un mois, atteignant ainsi un objectif de recrutement clé.

Conseil pratique : Suivez vos progrès. Utilisez des outils de suivi pour monitorer vos performances et vous assurer que vous êtes sur la bonne voie en vue d'atteindre vos objectifs de bonus (5).

Bonus de groupe

Définition : Le bonus de groupe en marketing de réseau est une commission versée aux distributeurs en fonction des performances de leur équipe ou groupe de distributeurs sous leur ligne de parrainage.

Explications détaillées : Ce bonus incite les distributeurs à soutenir et à former leurs équipes, car leur propre succès est directement lié aux performances de leur groupe. Le bonus de groupe est calculé en fonction des ventes collectives réalisées par l'équipe sur une période donnée. Il vise à encourager la collaboration et le développement des compétences au sein de l'équipe, pour une croissance soutenue et équilibrée du réseau.

Exemple : Laura, leader de son équipe, reçoit un bonus de groupe trimestriel basé sur les ventes totales de ses distributeurs directs. En aidant son équipe à atteindre leurs objectifs, elle augmente également ses revenus.

Conseil pratique : Motivation. Utilisez des systèmes de reconnaissance et de récompense pour maintenir la motivation de votre équipe, en plus de ceux prévus par l'entreprise.

Le dictionnaire des concepts en marketing de réseau

Bouche-à-oreille

Définition : Le bouche-à-oreille en marketing de réseau désigne la promotion de produits ou de services par le biais de recommandations personnelles et informelles entre consommateurs, souvent considérée comme l'une des méthodes les plus efficaces de marketing.

Explications détaillées : Cette méthode repose sur la satisfaction des clients et leur volonté de partager leur expérience positive avec leur entourage. En marketing de réseau, le bouche-à-oreille est crucial car il crée une chaîne de recommandations crédibles et authentiques, renforçant la confiance des nouveaux prospects. Les avis et témoignages personnels ont un impact significatif sur les décisions d'achat, car ils proviennent de sources fiables et désintéressées.

Exemple : Marie utilise un produit de soin de la peau et en parle à ses amis et collègues, qui à leur tour décident de l'essayer grâce à ses recommandations enthousiastes.

Conseil pratique : Créer des incitations. Offrez des récompenses ou des réductions aux clients qui recommandent vos produits à d'autres personnes.

Branche

Définition : En marketing de réseau, une branche est une subdivision de la structure organisationnelle d'un distributeur, constituée de l'ensemble des recrues directes et indirectes placées sous un même niveau hiérarchique.

Explications détaillées : Chaque distributeur peut avoir plusieurs branches sous lui, représentant les différents sous-réseaux qu'il a créés. Les performances de chaque branche affectent directement les revenus et les bonus du distributeur principal. Le développement équilibré de chaque branche est crucial pour maximiser les gains et maintenir la stabilité du réseau. Une branche dynamique et performante peut accélérer la croissance globale de l'organisation, tandis qu'une branche faible peut nécessiter plus de soutien et de formation.

Le dictionnaire des concepts en marketing de réseau

Exemple : Lydie développe trois branches en parallèle. Elle organise des sessions de formation spécifiques pour chaque branche afin de s'assurer que chaque leader de branche est équipé pour réussir et développer son sous-réseau.

Conseil pratique : Travaillez à équilibrer le développement de vos branches pour éviter des déséquilibres qui peuvent limiter vos revenus.

Business for Home

Définition : "Business for Home" est une plateforme en ligne réputée qui fournit des informations, des nouvelles et des analyses sur l'industrie du marketing de réseau, visant à éduquer et à informer les professionnels du secteur.

Explications détaillées : Business for Home propose une large gamme de ressources incluant des articles sur les tendances actuelles, des profils d'entreprises, des classements de leaders et des analyses de plans de compensation. La plateforme est utilisée par les distributeurs pour se tenir informés des développements de l'industrie, comparer les opportunités et prendre des décisions éclairées. C'est un outil précieux pour ceux qui cherchent à réussir dans le marketing de réseau en leur fournissant des informations transparentes et actualisées (6).

Exemple : Olivier utilise Business for Home pour analyser les plans de compensation de différentes entreprises de marketing de réseau, s'assurant ainsi de choisir l'opportunité la plus avantageuse.

Conseil pratique : Consultez Business for Home pour estimer le nombre de leaders par société.

C

Canal de distribution

Définition : Un canal de distribution en marketing de réseau est le chemin par lequel les produits ou services sont acheminés depuis l'entreprise jusqu'aux consommateurs finaux, souvent via un réseau de distributeurs indépendants.

Explications détaillées : Les canaux de distribution en marketing de réseau se distinguent par leur structure décentralisée, où les distributeurs jouent un rôle clé dans la vente directe aux consommateurs. Ces canaux incluent généralement des ventes en face-à-face, des démonstrations à domicile, des événements de groupe, et des plateformes en ligne. Ils permettent aux entreprises d'atteindre un large public tout en réduisant les coûts liés aux intermédiaires traditionnels.

Exemple : Une société de suppléments alimentaires permet à ses distributeurs d'utiliser des boutiques en ligne personnalisées pour vendre les produits et gérer les commandes, facilitant ainsi l'accès aux clients éloignés.

Conseil pratique : Utilisez une combinaison de méthodes de vente en ligne et hors ligne pour maximiser la portée et l'efficacité de votre distribution.

Carrière de quatre ans

Définition : La "carrière de quatre ans" en marketing de réseau est un concept selon lequel un distributeur peut atteindre une indépendance financière significative en travaillant de manière cohérente pendant quatre ans (7).

Explications détaillées : Ce concept repose sur l'idée que, grâce à un effort soutenu, une formation continue et une duplication efficace, un distributeur peut construire un réseau solide et générer un revenu résiduel substantiel en quatre ans.

Exemple : Stéphane débuté dans le marketing de réseau en tant que distributeur indépendant. En quatre ans, grâce à un travail acharné, elle a construit un réseau international.

Conseil pratique : Établissez un plan stratégique détaillé pour les quatre années, avec des objectifs annuels et trimestriels clairs.

Centre de support

Définition : Un centre de support en marketing de réseau est une structure dédiée à fournir assistance, formation et ressources aux distributeurs et clients pour résoudre leurs problèmes, répondre à leurs questions et améliorer leur expérience.

Explications détaillées : Le centre de support joue un rôle crucial dans la réussite des distributeurs en offrant un accès facile à des informations essentielles, des outils de formation et un soutien technique. Il peut inclure des services comme des lignes d'assistance téléphonique, des chats en ligne, des forums de discussion, et des bases de connaissances en ligne. Un centre de support efficace contribue à la satisfaction et à la fidélisation des distributeurs et des clients, tout en aidant à résoudre rapidement les problèmes.

Le dictionnaire des concepts en marketing de réseau

Exemple : Une société de cosmétiques offre un chat en direct sur son site web où les distributeurs peuvent poser des questions sur les produits, obtenir des conseils de vente et recevoir des mises à jour sur les promotions en cours.

Conseil pratique : Réactivité. Demandez à votre société des temps de réponse rapide pour les demandes faites au support afin de maintenir un haut niveau de satisfaction.

Cercle d'influence

Définition : Le cercle d'influence en marketing de réseau désigne l'ensemble des personnes que vous pouvez directement influencer, comprenant vos amis, votre famille, vos collègues, et vos connaissances.

Explications détaillées : Dans la pratique, il s'agit plutôt des personnes de vos relations proches et moins proches qui vous font tellement confiance qu'elles vous suivent les yeux fermés dans vos projets. Le cercle d'influence est crucial pour démarrer et développer votre réseau.

Exemple : Sabrina commence à promouvoir des produits de beauté en organisant des soirées chez elle avec ses meilleures amies, générant rapidement ses premières ventes grâce à leur soutien.

Conseil pratique : Dressez une liste de toutes les personnes de votre cercle d'influence et classez-les selon leur intérêt potentiel à vous faire confiance.

Certification professionnelle

Définition : La certification professionnelle en marketing de réseau est une reconnaissance formelle de compétences et de connaissances spécifiques, obtenue après avoir suivi un programme de formation et réussi un examen.

Explications détaillées : La fédération de la vente directe organise des certifications professionnelles. Elles augmentent la crédibilité et la confiance dans votre expertise. Elles démontrent un engagement envers l'excellence et le professionnalisme, et peuvent inclure des domaines tels que les techniques de vente, le leadership, la gestion d'équipe, et les réglementations légales.

Exemple : Julie obtient une certification en Animation d'équipe en vente directe, ce qui lui permet d'améliorer ses présentations et d'augmenter ses taux de conversion.

Conseil pratique : Choisissez des certifications reconnues et pertinentes pour votre domaine d'activité.

Client au détail

Définition : Un client au détail en marketing de réseau est une personne qui achète des produits pour son usage personnel, sans s'engager dans la distribution ou le recrutement.

Explications détaillées : Les clients au détail sont essentiels pour le succès à long terme de toute entreprise de marketing de réseau. Ils fournissent une base de revenus stable et récurrente, et leurs retours peuvent aider à améliorer les produits. Contrairement aux distributeurs, ils ne cherchent pas à recruter d'autres personnes mais sont plutôt des consommateurs fidèles.

Exemple : Laura, passionnée de bien-être, achète régulièrement des suppléments nutritionnels sans jamais s'impliquer dans la distribution, devenant ainsi une cliente au détail fidèle.

Conseil pratique : Offrez un excellent service client pour encourager la fidélité et les achats répétés.

Coachabilité

Définition : La coachabilité est la capacité et la volonté d'un individu à accepter les conseils, les critiques constructives et à apprendre de ses mentors pour améliorer ses performances et atteindre ses objectifs.

Explications détaillées : En marketing de réseau, être coachable est essentiel pour réussir. Les distributeurs qui sont ouverts aux conseils et qui mettent en pratique les enseignements de leurs mentors sont plus susceptibles de surmonter les défis et de progresser rapidement. La coachabilité implique une attitude d'apprentissage continu et de l'humilité pour reconnaître qu'il y a toujours des domaines à améliorer.

Exemple : Leila, nouvelle dans le marketing de réseau, réussit rapidement en appliquant strictement les conseils de son mentor, participant à toutes les formations et cherchant constamment à s'améliorer.

Conseil pratique : Ouverture d'esprit. Soyez ouvert aux nouveaux concepts et stratégies, même si elles diffèrent de vos méthodes actuelles et de ce que vous avez appris.

Cohésion d'équipe

Définition : La cohésion d'équipe en marketing de réseau est le degré d'unité et de collaboration entre les membres d'un réseau, visant à atteindre des objectifs communs et à maximiser la performance collective.

Explications détaillées : Une forte cohésion d'équipe est essentielle pour le succès en marketing de réseau. Elle favorise un environnement de soutien mutuel, augmente la motivation et améliore la productivité. Les équipes cohésives partagent une vision commune, travaillent ensemble efficacement et s'entraident pour surmonter les défis. La cohésion est souvent renforcée par des activités de team building (8), des communications ouvertes et un leadership inspirant.

Exemple : Un réseau organise des retraites annuelles pour ses membres, renforçant les liens personnels et professionnels, ce qui se traduit par une augmentation des ventes et de la rétention.

Conseil pratique : Activités de team building. Organisez régulièrement des activités collectives pour renforcer les liens et encourager la coopération.

Commande automatique

Définition : La commande automatique est un système où les produits sont automatiquement expédiés aux clients à des intervalles réguliers sans nécessiter de nouvelle commande, assurant une régularité des ventes et une commodité pour les clients.

Explications détaillées : Ce système est souvent utilisé pour des produits consommables comme les suppléments, les produits de beauté, ou les articles ménagers. Il garantit un flux de revenus constant pour les distributeurs et aide les clients à ne jamais manquer de leurs produits préférés. Les commandes automatiques renforcent également la fidélité des clients.

Exemple : La plupart des entreprises de compléments alimentaires offre un service de commande automatique mensuelle, permettant aux clients de recevoir leurs produits sans interruption.

Conseil pratique : Faciliter l'inscription. Simplifiez le processus d'inscription au service de commande automatique pour encourager plus de clients à s'y abonner.

Commission

Définition : La commission est une rémunération versée aux distributeurs en marketing de réseau pour les ventes qu'ils réalisent ou pour les ventes réalisées par leur équipe.

Explications détaillées : Les commissions sont le principal moyen de rémunération dans le marketing de réseau. Elles sont basées sur un pourcentage des ventes personnelles ou des ventes de l'équipe, et peuvent inclure des bonus supplémentaires pour des performances exceptionnelles.

Le dictionnaire des concepts en marketing de réseau

Exemple : Il existe des sociétés qui paient des commissions allant jusqu'à 50 % sur chaque vente de produit.

Conseil pratique : Compréhension des taux de commission. Familiarisez-vous avec les taux de commission de votre entreprise pour maximiser vos revenus potentiels.

Commission d'équipe

Définition : La commission d'équipe est une rémunération versée aux leaders de réseau basée sur les ventes réalisées par les membres de leur équipe.

Explications détaillées : Cette commission vise à encourager les leaders à soutenir et à développer leur équipe, car leur succès financier est directement lié aux performances de leurs distributeurs. Elle favorise la collaboration et la croissance collective.

Exemple : Dans le cas général, les commissions d'équipe varient, en moyenne, de 5% à 10 % sur les ventes mensuelles réalisées par chaque membre de son réseau.

Conseil pratique : Motivation. Établissez des objectifs clairs et des incitations pour motiver votre équipe à atteindre des niveaux de vente plus élevés.

Commission paritaire (FVD)

Définition : La commission paritaire de médiation est une instance de dialogue de la fédération de la vente directe (FVD).

Explications détaillées : Elle a été mise en place pour régler les différends entre les vendeurs à domicile indépendants (VDI) et les entreprises de vente directe. Elle favorise des solutions équitables et amiables grâce à une médiation neutre et impartiale.

Exemple : Un vendeur VDI a vendu à une personne âgée de 74 ans pour 3800 euros de ginseng. Si sa famille pense qu'elle a été abusée, elle peut déposer une réclamation auprès de la commission paritaire.

Conseil pratique : Connaissance des règles de la FVD. Familiarisez-vous avec les directives de la FVD pour comprendre vos droits et les obligations de votre entreprise.

Commissions de matching

Définition : Les commissions de matching sont des rémunérations supplémentaires versées aux leaders de réseau basées sur un pourcentage des commissions gagnées par les membres de leur équipe.

Explications détaillées : Cette structure incite les leaders à développer et à soutenir leurs équipes, car ils bénéficient financièrement des succès de leurs membres. Et ce, en plus de recevoir des commissions sur les ventes de l'équipe.
Les commissions de matching récompensent la duplication efficace des stratégies de vente et de recrutement.

Exemple : Un leader reçoit une commission de matching de 10% sur les commissions mensuelles gagnées par ses distributeurs directs.

Conseil pratique : Mentorat actif. Engagez-vous activement à aider vos distributeurs pour maximiser leurs revenus et, par conséquent, vos commissions de matching.

Compagnie de marketing de réseau

Définition : Une compagnie de marketing de réseau est une entreprise qui utilise un modèle de vente directe dans lequel les produits ou services sont distribués par un réseau de distributeurs indépendants qui gagnent des commissions sur les ventes et le recrutement de nouveaux membres.

Explications détaillées : Ces compagnies offrent des opportunités d'affaires aux individus souhaitant devenir distributeurs indépendants. Elles fournissent des produits, des formations, des plans de compensation et des outils de marketing pour aider les distributeurs à réussir. Le succès d'une compagnie de marketing de réseau repose sur la qualité de ses produits, la solidité de son plan de compensation et l'efficacité de son soutien aux distributeurs.

Exemple : Les marketeurs de réseau utilisent indifféremment les termes *société de MLM* et *compagnie de marketing de réseau*, bien que ce dernier terme soit davantage utilisé en Amérique du Nord.

Conseil pratique : Choisissez une compagnie réputée avec des produits de qualité et un plan de compensation équitable (9).

Compression dynamique

Définition : La compression dynamique est une technique utilisée par les compagnies de marketing de réseau pour maximiser les commissions en compressant les niveaux inactifs ou non performants d'un réseau, afin de garantir que les commissions soient versées aux distributeurs actifs.

Explications détaillées : Cette technique permet de s'assurer que les distributeurs actifs bénéficient pleinement des commissions potentielles, en remontant les volumes de vente des niveaux inférieurs vers les niveaux supérieurs actifs. Cela encourage les distributeurs à rester actifs et performants, tout en assurant une répartition équitable des commissions.

Exemple : La plupart des entreprises utilisent la compression dynamique. Retirer un niveau de distributeurs non performants augmente le nombre de niveaux de distributeurs performants comme base de calcul des commissions.

Conseil pratique : Suivi des performances. Suivez régulièrement les performances de votre réseau pour identifier les distributeurs inactifs et les encourager à redevenir actifs.

Conformité / compliance

Définition : La conformité, ou compliance, dans le marketing de réseau, fait référence à l'adhésion aux lois, réglementations et politiques internes qui régissent les pratiques commerciales et les comportements des distributeurs.

Explications détaillées : La conformité est essentielle pour assurer que les opérations d'une compagnie de marketing de réseau sont légales et éthiques. Cela inclut le respect des réglementations sur la protection des consommateurs, la prévention des pratiques trompeuses et la transparence financière. Les distributeurs doivent suivre les directives de la compagnie pour maintenir la réputation et l'intégrité de l'entreprise.

Exemple : Une compagnie de marketing de réseau impose des formations obligatoires sur la conformité pour tous ses nouveaux distributeurs, couvrant les règles de promotion, les pratiques de vente et la protection des données personnelles.

Conseil pratique : Transparence. Soyez transparent dans vos pratiques de vente et de recrutement pour éviter les malentendus et les infractions.

Construire en profondeur

Définition : Construire en profondeur en marketing de réseau consiste à développer une structure de réseau solide en aidant ses distributeurs directs à recruter et à former leurs propres équipes, et à aider celles-ci à faire de même, plutôt que de se concentrer uniquement sur le recrutement personnel.

Explications détaillées : Cette stratégie favorise la stabilité et la durabilité du réseau, car elle met l'accent sur le soutien et le développement des compétences des membres existants. En aidant les distributeurs à réussir, on crée une base plus solide et motivée, capable de générer des revenus résiduels à long terme.

Exemple : Tom développe en profondeur en identifiant les talents parmi ses recrues et en les aidant à développer leurs propres équipes, créant ainsi une structure stable et productive.

Conseil pratique : Investissez du temps dans la formation et le développement de vos distributeurs dans les profondeurs de votre réseau.

Convention

Définition : Une convention en marketing de réseau est un grand rassemblement organisé par une compagnie de marketing de réseau, réunissant distributeurs, leaders et dirigeants pour des sessions de formation, de motivation et de réseautage.

Explications détaillées : Les conventions sont des événements clés pour renforcer la culture d'entreprise, partager les meilleures pratiques, lancer de nouveaux produits et reconnaître les réalisations des distributeurs. Elles offrent également une opportunité unique de réseauter avec d'autres distributeurs, d'apprendre des leaders expérimentés et de se motiver pour atteindre de nouveaux objectifs.

Exemple : Une compagnie organise une convention annuelle avec des ateliers de formation, des discours de motivation par des leaders de l'industrie, et des cérémonies de remise de prix pour les meilleurs performeurs. Ces événements réunissent jusqu'à vingt mille personnes.

Conseil pratique : Assistez aux conventions de votre compagnie pour rester informé des nouvelles tendances et stratégies.

Core team

Définition : La "core team" (équipe centrale) en marketing de réseau désigne un groupe restreint de leaders et de distributeurs clés qui jouent un rôle central dans le développement, le soutien et la motivation de l'ensemble du réseau.

Explications détaillées : Cette équipe est souvent composée des membres les plus expérimentés et performants, qui collaborent étroitement avec les dirigeants de l'entreprise pour élaborer des stratégies, organiser des formations et diriger des initiatives de croissance. La core team agit comme un noyau dur, apportant stabilité et direction à l'ensemble du réseau.

Exemple : La core team d'une entreprise de bien-être se réunit régulièrement pour planifier les objectifs de l'année, concevoir des programmes de formation et être force de proposition auprès de leur société de marketing de réseau.

Conseil pratique : Choisissez soigneusement les membres de votre core team en fonction de leurs compétences, de leur engagement et de leur capacité à inspirer les autres.

Cotisation foncière des entreprises (CFE)

Définition : La Cotisation Foncière des Entreprises (CFE) est une taxe locale française, due par les entreprises et les entrepreneurs individuels, basée sur la valeur locative des biens immobiliers utilisés pour l'activité professionnelle.

Explications détaillées : La CFE fait partie de la Contribution Économique Territoriale (CET) avec la Contribution sur la Valeur Ajoutée des Entreprises (CVAE). En marketing de réseau, les distributeurs utilisant leur domicile pour leur activité doivent s'acquitter de cette taxe. Elle est calculée annuellement et varie selon la commune et la superficie des locaux utilisés.

Exemple : Un distributeur indépendant en marketing de réseau qui utilise une pièce de sa maison comme bureau doit payer la CFE en fonction du chiffre d'affaires réalisé sur une période de 12 mois.

Le dictionnaire des concepts en marketing de réseau

Conseil pratique : Attention ! Bien déclarer vos commissions en tant que VDI en ne confondant pas le net imposable toujours supérieur au net à payer qui vous a été versé. Déclarer donc le net imposable.

Cross line

Définition : Le terme "cross line" en marketing de réseau fait référence aux interactions entre distributeurs de lignes de parrainage différentes, qui ne sont pas directement liées par un lien de parrainage.

Explications détaillées : Les interactions cross line peuvent inclure l'échange d'idées, la collaboration sur des événements ou le partage de ressources. Cependant, dans de nombreuses entreprises de marketing de réseau, les interactions trop fréquentes ou les collaborations étroites entre lignes de parrainage différentes sont souvent découragées pour éviter des conflits d'intérêts et des déséquilibres dans les équipes.

Exemple : Deux distributeurs de lignes différentes collaborent pour organiser un séminaire de formation commun.

Conseil pratique : Respect des règles. Veillez à suivre les directives de votre entreprise concernant les interactions cross line afin de maintenir une relation harmonieuse et éviter des conflits potentiels.

Cumul vente directe et indemnités France Travail

Définition : Le cumul des revenus de la vente directe avec les indemnités de France Travail (anciennement Pôle emploi) en France permet à un demandeur d'emploi de percevoir des allocations tout en générant des revenus complémentaires par une activité de vente directe.

Explications détaillées : Les demandeurs d'emploi peuvent cumuler une partie de leurs allocations chômage avec les revenus d'une activité de vente directe, sous certaines conditions. Cela vise à encourager l'activité entrepreneuriale tout en assurant une sécurité financière. Le montant des allocations est ajusté en fonction des revenus de l'activité.

Exemple : Andrea, au chômage, commence une activité de vente directe à temps partiel et peut cumuler une partie de ses indemnités France Travail avec ses nouveaux revenus.

Conseil pratique : Planification financière. Planifiez vos finances pour équilibrer vos revenus de vente directe et les indemnités, assurant ainsi une stabilité financière, et pour budgéter les frais inhérents à une activité indépendante.

Cycle de rémunération

Définition : Le cycle de rémunération en marketing de réseau décrit la périodicité et le processus par lesquels les distributeurs sont payés pour leurs ventes et leur activité de recrutement.

Explications détaillées : Les cycles de rémunération peuvent varier selon l'entreprise, allant de paiements hebdomadaires à mensuels. Ils incluent les commissions de vente, les bonus de recrutement et les primes de performance. Comprendre le cycle de rémunération est crucial pour planifier ses finances et ses stratégies de vente.

Exemple : Une entreprise de marketing de réseau verse des commissions de vente toutes les semaines, permettant aux distributeurs de financer plus rapidement leurs dépenses.

Conseil pratique : Suivi des paiements. Gardez une trace précise de vos ventes et de vos commissions pour vérifier l'exactitude des paiements.

Cycle de vente

Définition : Le cycle de vente en marketing de réseau décrit les étapes par lesquelles un prospect passe pour devenir un

Le dictionnaire des concepts en marketing de réseau

client ou un distributeur, de la prise de contact initiale à la conclusion de la vente.

Explications détaillées : Un cycle de vente typique comprend la prospection, la prise de contact, la présentation du produit ou de l'opportunité, le suivi, la gestion des objections et la conclusion. Comprendre et optimiser chaque étape du cycle de vente est crucial pour augmenter les taux de conversion et la satisfaction des clients.

Exemple : Lydie suit un cycle de vente structuré avec des scripts et des techniques spécifiques pour chaque étape, laquelle correspond à un palier de motivation du prospect, ce qui augmente son taux de conversion de prospects en clients.

Conseil pratique : Définissez clairement chaque étape de votre cycle de vente et utilisez des outils pour les suivre.

D

Déhiérarchisation

Définition : Il s'agit ici de la déhiérarchisation des revenus qui signifie que les rétributions versées ne dépendent pas de l'ancienneté, ou du nombre de distributeurs dans son équipe.

Explications détaillées : Un distributeur indépendant peut compter un grand nombre de partenaires d'affaires dans son équipe et cependant gagner moins que l'un de ceux-ci. Toucher des commissions est conditionné par des critères d'éligibilité à les percevoir qui permettent à n'importe qui de gagner autant et plus que le premier d'une lignée de parrainage.

Exemple : Véronique compte dans son réseau deux mille distributeurs. Un de ses leaders en compte deux fois moins et cependant est mieux rétribué que Véronique.

Conseil pratique : Approfondissez le plan de rémunération de votre compagnie pour en comprendre le plus vite possible son potentiel.

Le dictionnaire des concepts en marketing de réseau

Démarrage rapide

Définition : Le démarrage rapide en marketing de réseau désigne une stratégie visant à obtenir des résultats significatifs dès les premières semaines ou mois d'activité, souvent grâce à des actions intensives et ciblées.

Explications détaillées : Cette stratégie inclut des formations intensives, des objectifs de vente ambitieux et un plan d'action clair pour accélérer la croissance. Le démarrage rapide permet de capitaliser sur l'enthousiasme initial, de générer des revenus rapidement et de motiver les nouveaux distributeurs.

Exemple : Claudia atteint ses objectifs de démarrage rapide en organisant des événements de lancement et en sollicitant activement son réseau personnel dès ses premières semaines d'activité.

Conseil pratique : Engagement. Consacrez du temps et de l'énergie au démarrage pour maximiser les résultats.

Démonstration

Définition : La démonstration en marketing de réseau consiste à présenter et à prouver l'efficacité d'un produit ou service en temps réel, souvent par le biais d'une démonstration pratique ou visuelle.

Explications détaillées : Les démonstrations permettent aux prospects de voir directement les bénéfices du produit, d'en comprendre l'utilisation et de poser des questions en temps réel. Cette méthode est particulièrement efficace pour convaincre les sceptiques et renforcer la confiance dans la qualité des produits.

Exemple : Nathalie organise des démonstrations à domicile pour montrer l'efficacité des produits de nettoyage qu'elle vend, en utilisant des surfaces sales pour illustrer les résultats.

Conseil pratique : Préparation. Préparez soigneusement votre démonstration pour qu'elle soit fluide et professionnelle.

Développement personnel

Définition : Le développement personnel en marketing de réseau est le processus d'amélioration continue des compétences, des attitudes et des comportements pour devenir un distributeur plus efficace et un leader inspirant.

Explications détaillées : Ce concept englobe la formation continue, l'introspection, et la mise en pratique de nouvelles compétences. Le développement personnel est crucial pour surmonter les défis, rester motivé et inspirer son équipe. Il inclut des domaines tels que la gestion du temps, la communication interpersonnelle, et la résilience.

Exemple : Caroline suit des cours en ligne sur l'assertivité et la confiance en soi pour améliorer son efficacité et sa capacité à motiver son équipe.

Conseil pratique : Fixez-vous des objectifs clairs pour votre développement personnel, comme de contracter de nouvelles habitudes qui consistent à adopter des routines de productivité.

Distributeur indépendant

Définition : Un distributeur indépendant est une personne qui commercialise les produits ou services d'une entreprise de marketing de réseau de manière autonome, sans être un employé de cette entreprise.

Explications détaillées : Les distributeurs indépendants gèrent leur propre entreprise, déterminant leurs horaires et stratégies de vente. Ils achètent des produits à l'entreprise à prix de gros et les revendent à prix de détail, gagnant ainsi une marge bénéficiaire. Ils peuvent aussi recruter d'autres distributeurs pour développer leur réseau.

Exemple : Emma gère sa propre entreprise de vente de compléments alimentaires, profitant de la flexibilité de travailler à son rythme tout en construisant un réseau de clients fidèles.

Conseil pratique : Apprenez à savoir présenter de manière convaincante le statut de distributeur indépendant.

Distributeur-client

Définition : Un distributeur-client est une personne qui achète des produits d'une entreprise de marketing de réseau principalement pour son usage personnel, mais qui peut également les revendre de manière occasionnelle.

Explications détaillées : Ce profil est commun chez ceux qui souhaitent bénéficier des réductions et avantages offerts aux distributeurs sans s'engager pleinement dans la vente ou le développement d'un réseau. Ils apprécient les produits et les partagent avec leur cercle proche, générant ainsi des ventes informelles.

Exemple : Aurélien achète des produits de soins pour la peau pour son usage personnel et en parle à ses amis, réalisant des ventes occasionnelles sans se consacrer pleinement à la vente.

Conseil pratique : On dit souvent que le distributeur est le produit du produit. Il est la vitrine vivante de ce que les produits qu'il vend produisent chez lui. Vous ne parlez jamais aussi bien que de ce que vous avez vous-même testé.

Down line

Définition : La "down line" désigne l'ensemble des distributeurs recrutés directement ou indirectement sous un distributeur principal dans une structure de marketing de réseau.

Explications détaillées : Chaque distributeur recrute de nouveaux membres, formant ainsi des niveaux successifs ou des couches dans la hiérarchie. Les performances de la down line influencent directement les revenus du distributeur principal à travers les commissions et les bonus de groupe. Une down line forte et active est essentielle pour le succès à long terme.

Exemple : Michel a une down line de 50 distributeurs, chacun contribuant à son volume de ventes global, ce qui lui permet de toucher des commissions substantielles.

Conseil pratique : Formation. Fournissez une formation continue et du soutien à votre down line pour maximiser leur succès et, par extension, le vôtre.

Droit d'exploitation commercial

Définition : Le droit d'exploitation commercial désigne l'autorisation légale, accordée à une entreprise ou à un distributeur, de commercialiser et vendre des produits ou services dans une région spécifique.

Explications détaillées : Ce droit est essentiel pour opérer légalement dans un marché donné. Il peut inclure des licences, des accords de distribution exclusive et des conformités réglementaires locales. En marketing de réseau, obtenir ces droits assure que les distributeurs peuvent promouvoir et vendre les produits sans enfreindre les lois locales.

Exemple : Un distributeur qui s'inscrit en tant que tel obtient de fait une licence d'exploitation commerciale.

Conseil pratique : Conformité légale. Vérifiez les exigences légales locales avant de commencer les opérations.

Droits d'entrée

Définition : Les droits d'entrée sont les frais initiaux payés par un nouveau distributeur pour rejoindre une entreprise de marketing de réseau, couvrant généralement les coûts de formation, de matériel de démarrage et d'administration.

Explications détaillées : Ces frais varient selon les entreprises et peuvent inclure des kits de démarrage, des supports marketing, et l'accès à des plateformes de formation. Les droits d'entrée permettent de couvrir les coûts initiaux de

Le dictionnaire des concepts en marketing de réseau

l'entreprise et d'engager les nouveaux distributeurs à investir dans leur propre succès.

Exemple : Un réseau de vente de produits de bien-être propose plusieurs niveaux de droits d'entrée, avec des kits de démarrage plus complets à des prix plus élevés.

Conseil pratique : Transparence. Expliquez clairement à quoi servent les droits d'entrée et ce qu'ils couvrent.

DSA

Définition : La DSA (Direct Selling Association) est une organisation qui représente les intérêts des entreprises de vente directe, y compris les entreprises de marketing de réseau, et promeut des pratiques commerciales éthiques et équitables.

Explications détaillées : La DSA établit des normes et des lignes directrices pour ses membres afin de garantir la protection des consommateurs et des distributeurs. Elle offre également des ressources, de la formation et un soutien législatif pour ses entreprises membres. La Direct Selling Association (DSA) est basée à Washington, D.C.

Exemple : Une entreprise de marketing de réseau adhère à la DSA pour bénéficier de ses ressources éducatives et de son soutien dans les affaires réglementaires.

Conseil pratique : Adhésion. Choisir une marque adhérente à la DSA est gage d'un bon choix.

Duplicabilité

Définition : La duplicabilité est la capacité d'un modèle d'affaires ou d'une méthode de travail à être facilement reproduite par d'autres distributeurs, assurant une croissance uniforme et durable dans le réseau (10).

Explications détaillées : Un système duplicable est simple, clair et peut être suivi par n'importe quel membre de l'équipe.

Il inclut des procédures standardisées, des outils de formation et des stratégies éprouvées qui peuvent être enseignées et mises en œuvre par tous les distributeurs.

Exemple : Un leader crée des scripts de vente et des présentations standardisées que tous les membres de son équipe utilisent pour assurer la cohérence dans leurs efforts de marketing.

Conseil pratique : Simplicité. Gardez vos méthodes et processus simples et faciles à suivre.

Duplication

Définition : La duplication est un concept organisationnel spécifique des franchises commerciales. Elle est le processus par lequel les distributeurs reproduisent les stratégies et les actions de leurs leaders pour atteindre le succès dans le marketing de réseau.

Explications détaillées : La duplication permet de standardiser les pratiques de vente et de recrutement, assurant une cohérence et une efficacité dans l'ensemble du réseau. Cela inclut l'utilisation de scripts, de présentations et de méthodes éprouvées qui peuvent être facilement adoptées par tous les membres de l'équipe.

Exemple : Une entreprise fournit des outils de marketing préconçus que tous les distributeurs utilisent, garantissant une approche unifiée et professionnelle dans toutes les interactions avec les prospects.

Conseil pratique : Suivi. Évaluez régulièrement la performance des duplications et ajustez les stratégies pour améliorer l'efficacité.

Dynamique de groupe

Définition : La dynamique de groupe se réfère aux interactions et aux comportements des membres au sein d'un groupe, influençant la performance, la motivation et la cohésion de l'équipe en marketing de réseau.

Explications détaillées : Comprendre et gérer la dynamique de groupe est crucial pour le succès d'une équipe de marketing de réseau. Une dynamique positive favorise la collaboration, la motivation et l'atteinte des objectifs communs, tandis qu'une dynamique négative peut entraîner des conflits, une baisse de moral et une diminution de la performance.

Exemple : Une équipe de marketing de réseau qui organise régulièrement des activités de team building pour renforcer les liens entre les membres et améliorer la communication.

Conseil pratique : Communication ouverte. Encouragez la communication ouverte et honnête entre les membres de l'équipe.

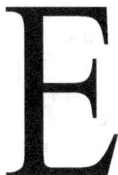

Échantillonnage

Définition : L'échantillonnage en marketing de réseau consiste à distribuer des échantillons gratuits de produits pour permettre aux prospects de les tester avant de prendre une décision d'achat.

Explications détaillées : L'échantillonnage est une stratégie efficace pour introduire de nouveaux produits, générer de l'intérêt et encourager les prospects à acheter. Il permet également de recueillir des feedbacks et de démontrer la valeur et la qualité des produits.

Exemple : Un distributeur de produits de beauté organise des événements de démonstration où les participants peuvent essayer des échantillons gratuits.

Conseil pratique : Ciblage. Distribuez des échantillons à des prospects uniquement susceptibles d'être intéressés par vos produits.

Le dictionnaire des concepts en marketing de réseau

Édification

Définition : L'édification consiste à promouvoir et à valoriser les qualités, les compétences et les réalisations des membres de son équipe ou de ses leaders en marketing de réseau.

Explications détaillées : L'édification crée un environnement de respect et de reconnaissance, renforçant la confiance et la crédibilité au sein de l'équipe et auprès des prospects. En valorisant les réussites et les talents de chacun, l'édification motive les membres de l'équipe et améliore la cohésion.

Exemple : Un leader met en avant les succès de ses distributeurs lors de réunions d'équipe, inspirant les autres membres à atteindre leurs propres objectifs.

Conseil pratique : Fréquence. Faites de l'édification une habitude régulière pour cultiver un environnement positif et motivant, où chacun se sent valorisé.

Effet cumulé

Définition : L'effet cumulé désigne l'impact significatif résultant de petites actions répétées et consistantes sur une période prolongée.

Explications détaillées : En marketing de réseau, l'effet cumulé se manifeste lorsque des efforts quotidiens, tels que le recrutement, la formation et la vente, conduisent à des résultats substantiels et durables. Il souligne l'importance de la persévérance, de la régularité et de la patience dans la réalisation des objectifs.

Exemple : Un distributeur consacre une heure par jour à la prospection et au suivi, ce qui lui permet de construire un réseau solide et rentable sur plusieurs années.

Conseil pratique : Consistance. Engagez-vous à des actions régulières et consistantes, même si elles semblent insignifiantes au départ.

Effet levier

Définition : L'effet levier est une technique financière qui consiste à utiliser des fonds empruntés plutôt que des fonds propres pour augmenter le potentiel de rendement d'un investissement.

Explications détaillées : En marketing de réseau, l'effet de levier consiste à maximiser les revenus en s'appuyant sur les efforts d'une équipe de distributeurs indépendants, plutôt que sur ses propres ventes directes uniquement.

Exemple : Un leader utilise des webinaires et des outils de marketing automatisés pour recruter et former de nouveaux membres à grande échelle, augmentant ainsi ses revenus de manière exponentielle.

Conseil pratique : Automatisation. Implémentez des outils d'automatisation pour gérer les tâches répétitives et libérer du temps pour des activités à forte valeur ajoutée.

Enrôlement

Définition : L'enrôlement en marketing de réseau désigne le processus d'intégration de nouveaux distributeurs dans un réseau, impliquant leur inscription, formation initiale et mise en relation avec l'équipe existante.

Explications détaillées : Ce processus est crucial pour assurer que les nouveaux distributeurs sont bien préparés et motivés à réussir. Il comprend généralement une présentation de l'entreprise, des produits, des stratégies de vente, et du plan de compensation. Un enrôlement efficace favorise la rétention et la performance des nouveaux membres.

Exemple : Julie utilise un système de parrainage où chaque nouveau distributeur est associé à un mentor expérimenté pour un accompagnement personnalisé. Ce qui en fait un argument de recrutement.

Le dictionnaire des concepts en marketing de réseau

Conseil pratique : Culture d'équipe. Encouragez une culture d'équipe où les nouveaux membres se sentent soutenus et motivés.

Enseigner la réussite

Définition : Enseigner la réussite en marketing de réseau implique de partager les connaissances, les stratégies et les meilleures pratiques pour aider les membres de l'équipe à atteindre leurs objectifs et à réussir.

Explications détaillées : Cela comprend des formations régulières, des ateliers, du mentorat et du coaching personnalisé. Un bon leader partage ses propres expériences et prodigue des conseils pratiques pour surmonter les défis. Enseigner la réussite contribue à la croissance individuelle et collective de l'équipe.

Exemple : Martine organise des webinaires hebdomadaires où elle partage des stratégies de vente efficaces et des histoires de réussite.

Conseil pratique : Partage d'expériences. Partagez vos propres réussites et échecs pour offrir des leçons concrètes.

Entrepreneur collaboratif

Définition : Un entrepreneur collaboratif est une personne qui travaille en partenariat avec d'autres, partageant des ressources, des compétences et des connaissances pour atteindre des objectifs communs en marketing de réseau.

Explications détaillées : Cet entrepreneur valorise la collaboration plutôt que la compétition, créant des synergies positives et des relations de travail harmonieuses. La collaboration permet de maximiser les ressources disponibles, de résoudre les problèmes plus efficacement et d'innover continuellement.

Exemple : Éric collabore avec d'autres leaders du réseau pour organiser des événements de formation communs, partageant les coûts et les bénéfices.

Conseil pratique : Le travail en équipe. Partagez les ressources et les meilleures pratiques pour en bénéficier mutuellement. Travailler en équipe est l'une des clés majeures de la réussite d'un réseau.

Entrepreneuriat collaboratif

Définition : L'entrepreneuriat collaboratif est une approche où plusieurs entrepreneurs travaillent ensemble, partageant idées, ressources et responsabilités pour créer de la valeur et atteindre des objectifs communs.

Explications détaillées : Ce modèle, inspiré de l'intelligence collective, repose sur la coopération et l'entraide, permettant d'optimiser les compétences et les efforts de chacun. Il facilite l'innovation, améliore l'efficacité opérationnelle et renforce la capacité à surmonter les défis.

Exemple : Un groupe de distributeurs s'associe pour lancer une campagne marketing, partageant les coûts et les profits.

Conseil pratique : Identifiez et exploitez les compétences uniques de chaque membre. Pensez à demander le CV des nouvelles recrues pour identifier des compétences utiles pour le groupe.

Entreprise à domicile

Définition : Une entreprise à domicile est une activité commerciale opérée depuis la résidence de l'entrepreneur, permettant de gérer ses affaires sans avoir besoin d'un local professionnel.

Explications détaillées : Ce modèle offre une flexibilité accrue, réduisant les coûts liés au bureau et permettant un meilleur équilibre entre vie professionnelle et personnelle.

C'est particulièrement courant en marketing de réseau, où les distributeurs peuvent gérer leur activité à partir de chez eux.

Exemple : Claire gère sa boutique en ligne de produits de beauté depuis son domicile, utilisant sa maison comme centre de stockage et de distribution. Elle peut également ne rien stocker ni livrer ses clients, puisque son entreprise de vente directe s'en charge.

Conseil pratique : Aménagez un espace de travail distinct chez vous pour rester organisé et productif.

Entretien de qualification

Définition : Un entretien de qualification est une rencontre entre un prospect et un distributeur en marketing de réseau visant à évaluer l'intérêt et la capacité du prospect à rejoindre le réseau.

Explications détaillées : Cet entretien permet de déterminer si le prospect a les compétences, l'engagement et la motivation nécessaires pour réussir dans le marketing de réseau. Il aide également à clarifier les attentes et à décider s'il faudra fournir des informations détaillées sur l'opportunité. Un tel entretien peut aboutir à disqualifier le candidat et donc à ne pas le recruter.

Exemple : Pierre utilise un questionnaire pour évaluer l'intérêt et les compétences de ses prospects avant de les inviter à rejoindre son équipe.

Conseil pratique : Préparez une liste de questions pertinentes pour évaluer le potentiel du prospect.

Épinglette

Définition : Une épinglette est un petit insigne porté par les distributeurs en marketing de réseau pour symboliser leur rang, leurs réalisations ou leur appartenance à une entreprise.

Explications détaillées : Les épinglettes sont souvent utilisées lors d'événements et de réunions pour reconnaître et célébrer les succès des distributeurs. Elles servent également de motivation et de fierté, renforçant le sentiment d'appartenance à l'équipe et à l'entreprise.

Exemple : Une entreprise de marketing de réseau introduit des épinglettes spéciales pour les nouveaux niveaux de leadership, incitant les membres à atteindre de nouveaux objectifs.

Conseil pratique : Respectez et valorisez les réalisations de chaque membre, quelles que soient leurs tailles.

Équipe de rêve

Définition : Une équipe de rêve en marketing de réseau est un groupe de distributeurs hautement performants, motivés et collaboratifs, travaillant ensemble pour atteindre des objectifs ambitieux.

Explications détaillées : Créer une équipe de rêve implique de recruter des membres talentueux, de développer leurs compétences et de maintenir une forte cohésion d'équipe. Une équipe de rêve se caractérise par une communication ouverte, un soutien mutuel et une poursuite collective de l'excellence.

Exemple : L'équipe de Sophie se distingue par ses résultats exceptionnels en ventes et en recrutement, grâce à des recrutements qualitatifs et un esprit de solidarité.

Conseil pratique : Choisissez des membres qui partagent votre vision et votre éthique de travail.

Estime sociale

Définition : L'estime sociale en marketing de réseau fait référence à la reconnaissance et au respect qu'un distributeur reçoit de ses pairs, de ses supérieurs et de la communauté en raison de ses réalisations et de son comportement.

Explications détaillées : L'estime sociale est un puissant moteur de motivation. Ou de démotivation si les proches sont hostiles au MLM. Elle renforce la confiance en soi et encourage les distributeurs à poursuivre leurs efforts. Les récompenses, les reconnaissances publiques et les témoignages positifs contribuent à bâtir cette estime.

Exemple : Claire reçoit un prix de reconnaissance lors de la conférence annuelle de l'entreprise, ce qui augmente son estime sociale et motive ses partenaires d'affaires.

Conseil pratique : Récompensez régulièrement les succès et les comportements exemplaires. Ne vous reposez pas, pour cela, sur les seules initiatives de votre entreprise de vente directe.

Être à midi

Définition : "Être à midi" est une expression utilisée en marketing de réseau pour indiquer qu'un prospect est sur le point de signer, ou de vous rejoindre.

Explications détaillées : De ce point de vue, des prospects peuvent être à 11 heures, voire à six heures s'ils sont trop peu intéressés. On dit alors que ce n'est pas le bon timing pour eux, d'où l'importance du suivi.

Exemple : Parce qu'il suit méticuleusement et durant des années tous ses prospects, Olivier parraine trois fois plus que la normale.

Conseil pratique : Utilisez un logiciel de suivi des contacts, et maintenez un lien régulier avec eux sur les réseaux sociaux.

Événement de reconnaissance

Définition : Un événement de reconnaissance en marketing de réseau est une réunion organisée par l'entreprise (ou une équipe) pour célébrer les réalisations et les succès des distributeurs, renforçant la motivation et l'engagement.

Explications détaillées : Ces événements peuvent inclure des remises de prix, des discours inspirants, et des célébrations pour les meilleures performances en termes de ventes, de recrutement et de leadership. Ils visent à encourager les distributeurs à maintenir leurs efforts et à reconnaître publiquement leurs contributions.

Exemple : Certaines sociétés organisent des soirées de gala où les meilleurs vendeurs sont honorés devant leurs pairs et leurs familles.

Conseil pratique : Planification minutieuse. Organisez l'événement avec soin, en incluant des segments inspirants et des témoignages de succès.

Événement de recrutement

Définition : Un événement de recrutement est une réunion organisée pour présenter les opportunités d'affaires et les avantages de rejoindre l'entreprise de markcting de réseau à des prospects potentiels.

Explications détaillées : Ces événements peuvent inclure des présentations de produits, des témoignages de succès, et des explications détaillées sur le plan de compensation et les opportunités de carrière. Ils sont conçus pour informer et motiver les participants à rejoindre le réseau.

Exemple : Une société de vente directe organise des séminaires locaux avec des démonstrations de produits et des présentations d'opportunités par des distributeurs expérimentés.

Conseil pratique : Engagement. Utilisez des témoignages et des histoires de réussite pour motiver et inspirer les prospects.

Le dictionnaire des concepts en marketing de réseau

Exclusivité territoriale

Définition : L'exclusivité territoriale en marketing de réseau est une clause qui accorde à un distributeur le droit exclusif de vendre et de recruter dans une zone géographique spécifique.

Explications détaillées : Cette exclusivité vise à éviter le développement de l'activité dans des territoires où l'entreprise n'est pas implantée.

Exemple : Une société de compléments alimentaires offre une exclusivité territoriale pour certains produits à ses distributeurs les plus performants, sur des territoires pilotes, avant de généraliser de pouvoir les vendre partout.

Conseil pratique : Certaines sociétés annoncent une année à l'avance la sortie d'un nouveau produit. L'expérience montre que les distributeurs qui en font la promotion active durant cette année génèrent des volumes de chiffres d'affaires considérables.

Exemplarité.

Définition : L'exemplarité en marketing de réseau est l'acte de montrer l'exemple en tant que leader, en démontrant les comportements et les pratiques que vous souhaitez voir adoptés par votre équipe.

Explications détaillées : Les leaders qui pratiquent l'exemplarité inspirent leurs équipes par leurs actions et non seulement par leurs paroles. Cela inclut la démonstration de bonnes pratiques de vente, l'engagement envers les valeurs de l'entreprise, et la poursuite constante de l'excellence.

Exemple : Un distributeur qui montre comment utiliser les produits de manière efficace et partage ses propres succès pour motiver ses équipes.

Conseil pratique : Cohérence. Soyez cohérent dans vos actions et vos paroles pour bâtir la crédibilité.

Filleul

Définition : Un filleul en marketing de réseau est une personne parrainée par un distributeur (le parrain) pour rejoindre le réseau, formant ainsi la base de la structure en arbre.

Explications détaillées : Le parrainage est essentiel dans le marketing de réseau car il permet l'expansion du réseau et la multiplication des actes de vente. Le filleul bénéficie de la guidance et du soutien du parrain pour démarrer son activité et réussir dans le réseau.

Exemple: Pierre parraine Linda en tant que nouvelle distributrice. Il lui fournit une formation initiale et un soutien continu pour l'aider à réussir.

Conseil pratique : Assurez-vous d'offrir une formation détaillée et pratique, à votre filleul, sur les produits et les techniques de vente.

Focus

Définition : Le focus en marketing de réseau désigne la concentration intense sur des objectifs spécifiques, des stratégies ou des tâches pour maximiser l'efficacité et les résultats.

Explications détaillées : Avoir un focus clair permet aux distributeurs de diriger leurs efforts vers les activités les plus importantes, telles que les ventes et le recrutement, tout en minimisant les distractions. Cela inclut la définition d'objectifs SMART (spécifiques, mesurables, atteignables, pertinents, temporellement définis) et la mise en œuvre de stratégies pour les atteindre.

Exemple : Un distributeur qui se fixe un objectif de contacter 30 personnes par jour sur les réseaux sociaux. Cela demande de concentrer ses efforts sur des méthodes de communication précises, sans se disperser.

Conseil pratique : Définir des priorités. Identifiez et concentrez-vous sur les tâches qui ont le plus grand impact sur vos objectifs. Éliminer les distractions. Créez un environnement de travail propice à la concentration en minimisant les interruptions et en organisant votre temps efficacement.

Fractale

Définition : La fractale en marketing de réseau fait référence à un modèle de croissance et de structure où chaque partie du réseau reproduit les mêmes caractéristiques que le réseau entier, facilitant ainsi l'expansion exponentielle.

Explications détaillées : Le concept de fractale implique que chaque distributeur du réseau développe à son tour son propre sous-réseau, qui réplique les mêmes méthodes et structures. Cela permet une croissance homogène et soutenue, où chaque nouvelle partie contribue à l'ensemble de manière similaire.

Le dictionnaire des concepts en marketing de réseau

Notez qu'une fractale n'est géométriquement pas une pyramide.

Exemple : Un réseau où chaque nouveau distributeur est formé pour recruter et former d'autres distributeurs de manière identique, créant ainsi un modèle répété de croissance.

Conseil pratique : C'est très utile de savoir expliquer les différences mathématiques entre pyramide et fractale (11).

Franchise en base de TVA

Définition : La franchise en base de TVA est un régime fiscal qui permet aux petites entreprises de ne pas facturer de TVA sur leurs ventes et de ne pas récupérer la TVA sur leurs achats, simplifiant ainsi leurs obligations administratives.

Explications détaillées : Ce régime est souvent utilisé par les petits entrepreneurs, y compris les distributeurs en marketing de réseau, qui ne dépassent pas un certain seuil de chiffre d'affaires annuel. Il permet de simplifier la gestion comptable et de rendre les produits plus compétitifs en termes de prix.

Exemple : Les autoentrepreneurs et les VDI sont en franchise de TVA.

Conseils pratiques : Documentation claire. Maintenez une documentation claire et précise de toutes les ventes et achats pour faciliter la gestion comptable. Consultez un expert fiscal pour optimiser vos choix et garantir la conformité aux réglementations.

Front line

Définition : La front line, ou ligne de front, en marketing de réseau désigne les distributeurs directs qui sont recrutés personnellement par un distributeur, constituant le premier niveau de son réseau.

Le dictionnaire des concepts en marketing de réseau

Explications détaillées : Les distributeurs de la front line sont essentiels car ils forment la base immédiate du réseau du recruteur. Leur succès et leur engagement influencent directement la croissance et la dynamique de l'ensemble du réseau. Un front line forte et motivée est souvent un indicateur de la santé générale du réseau.

Exemple : Une front line de moins de dix personnes peut générer un réseau de milliers de personnes.

Conseils pratiques : Comme il y a des publics éloignés de l'entrepreneuriat, et donc du marketing de réseau, il y a aussi des publics adaptés à constituer une front line de qualité (12).

FVD (Fédération de la Vente Directe)

Définition : La FVD (Fédération de la Vente Directe) est une organisation professionnelle qui regroupe les entreprises de vente directe, offrant un cadre éthique, des ressources et des représentations pour promouvoir et défendre les intérêts de ses membres.

Explications détaillées : La FVD établit des normes et des codes de conduite pour garantir des pratiques commerciales équitables et transparentes dans le secteur de la vente directe. Elle fournit également des formations, des ressources et un soutien juridique pour aider les entreprises membres à se conformer aux réglementations en vigueur.

Exemple : La FVD a beaucoup œuvré pour que le statut VDI soit inscrit dans le commerce du commerce et non dans le code du travail.

Conseil pratique : L'appartenance à la FVD est un argument de parrainage, à condition de savoir le présenter.

Le dictionnaire des concepts en marketing de réseau

Généalogie

Définition : La généalogie en marketing de réseau désigne la structure organisationnelle des distributeurs dans un réseau, montrant les relations de parrainage et les niveaux de distribution.

Explications détaillées : La généalogie est souvent représentée sous forme de diagramme ou d'arbre généalogique, illustrant comment les distributeurs sont connectés les uns aux autres. Elle aide à suivre les performances, à calculer les commissions et à planifier les stratégies de développement.

Exemple : Marie utilise un logiciel de gestion de réseau, implémenté dans son back-office, pour visualiser sa généalogie, identifier les leaders potentiels et cibler les membres nécessitant un soutien supplémentaire.

Conseil pratique : Développez des stratégies de formation et de soutien basées sur l'analyse de la généalogie.

Génération

Définition : En marketing de réseau, une génération désigne un ou plusieurs niveaux de distributeurs dans la hiérarchie du réseau, généralement calculé à partir du distributeur de référence.

Explications détaillées : Chaque génération représente un groupe de distributeurs parrainés directement ou indirectement par le même distributeur. Les plans de compensation utilisent souvent les générations pour déterminer les bonus et les commissions.

Exemple : Une génération peut comporter un nombre illimité de niveaux de distributeurs.

Conseils pratique : Pour parrainer plus facilement il est judicieux de parfaitement connaître la mécanique des plans de rémunération et pas seulement la vôtre.

Gig Economy

Définition : La gig economy désigne une économie caractérisée par des emplois temporaires et flexibles, souvent basés sur des contrats à court terme ou des travaux indépendants.

Explications détaillées : Le marketing de réseau s'intègre bien dans la gig economy, offrant des opportunités flexibles et à temps choisi pour les individus cherchant des revenus supplémentaires ou une alternative aux emplois traditionnels.

Exemple : Kevin utilise son activité de marketing de réseau pour compléter ses revenus irréguliers de consultant indépendant.

Conseils pratiques : Exploitez les plateformes en ligne pour trouver des « gigs » et promouvoir votre activité de marketing de réseau.

I

Intérêts composés

Définition : Les intérêts composés en marketing de réseau désignent le processus par lequel les gains générés sont réinvestis pour produire des gains supplémentaires, créant ainsi un effet cumulatif.

Explications détaillées : En réinvestissant les commissions et les bonus dans le développement du réseau ou dans des outils de marketing, les distributeurs peuvent accélérer leur croissance et augmenter leurs revenus de manière exponentielle.

Exemple : Claire réinvestit ses commissions dans la publicité en ligne, attirant ainsi plus de prospects et augmentant ses ventes.

Conseil pratique : Identifiez les domaines clés où réinvestir afin de maximiser la croissance (13).

Invitation

Définition : L'invitation en marketing de réseau désigne l'acte de solliciter des prospects pour assister à des présentations de produits ou d'opportunités d'affaires.

Explications détaillées : Une invitation efficace est essentielle pour attirer l'attention des prospects et les amener à considérer sérieusement les offres de marketing de réseau. Elle doit être claire, engageante et adaptée aux besoins des prospects.

Exemple : Émilie utilise des scripts d'invitation personnalisés pour inviter des prospects à des webinaires sur les avantages de ses produits.

Conseil pratique : Personnalisation. Adaptez vos invitations en fonction des intérêts et des besoins spécifiques de chaque prospect.

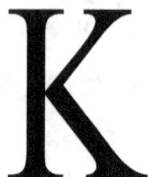

Kit de démarrage

Définition : Un kit de démarrage en marketing de réseau est un ensemble de matériaux et de ressources fournis aux nouveaux distributeurs pour les aider à démarrer leur activité.

Explications détaillées : Le kit de démarrage contient généralement des échantillons de produits, des guides de vente, des outils de marketing, et des informations sur le plan de compensation. Il est conçu pour fournir aux nouveaux distributeurs tout ce dont ils ont besoin pour commencer à vendre et à recruter immédiatement.

Exemple : Julie reçoit un kit de démarrage comprenant des brochures, une mallette de produits et un accès à des formations en ligne.

Conseils pratiques : Familiarisez-vous rapidement avec tous les kits de démarrage de votre société pour maximiser l'art d'en parler avec conviction.

Lead

Définition : Un lead en marketing de réseau est un prospect qui a manifesté un intérêt pour les produits ou l'opportunité d'affaires et qui est potentiellement susceptible de devenir client ou distributeur.

Explications détaillées : Les leads sont des contacts précieux pour les distributeurs car ils représentent des opportunités de vente et de recrutement. Les leads peuvent être générés par divers moyens, tels que les recommandations, les campagnes de marketing en ligne, les événements et les foires commerciales.

Exemple : Thomas participe à des salons professionnels pour recueillir des leads en discutant directement avec les visiteurs et en prenant leurs coordonnées.

Conseils pratiques : Concentrez-vous sur la génération de leads qualifiés ayant un réel intérêt pour vos produits ou services.

Leader

Définition : Un leader en marketing de réseau est une personne qui guide, influence et motive son équipe de distributeurs pour atteindre des objectifs communs.

Explications détaillées : Le rôle d'un leader est crucial pour le succès d'un réseau. Un leader efficace inspire la confiance, offre un soutien constant, et aide ses membres à développer leurs compétences. Il joue un rôle clé dans la formation, la motivation et le maintien de l'engagement au sein de l'équipe.

Exemple : Eric utilise son expérience pour coacher individuellement les nouveaux distributeurs, les aidant à surmonter les obstacles et à atteindre leurs objectifs.

Conseils pratiques : Développement continu. Améliorez constamment vos compétences en leadership à travers des formations et des lectures.

Leadership

Définition : Le leadership en marketing de réseau est la capacité d'un individu à guider, motiver et influencer son équipe pour atteindre des objectifs communs.

Explications détaillées : Un bon leader inspire confiance et motivation, favorisant une culture de collaboration et de réussite. Le leadership implique également la prise de décisions stratégiques et la résolution de conflits de manière efficace.

Exemple : Un leader qui organise régulièrement des réunions de motivation et de formation pour son équipe, partageant des stratégies réussies et célébrant les succès de chacun, fait preuve de leadership.

Conseil pratique: Développez des compétences de communication interpersonnelle pour transmettre vos idées clairement et savoir inspirer autrui.

Liberté financière

Définition: La liberté financière en marketing de réseau est l'état où une personne dispose de suffisamment de revenus passifs pour couvrir ses besoins et ses désirs sans dépendre d'un emploi traditionnel.

Explications détaillées : Atteindre la liberté financière grâce au marketing de réseau implique de construire un réseau solide de distributeurs et de clients, générant des revenus récurrents à partir des commissions et des bonus. Le marketing de réseau est sans doute la première activité qui ait parlé de liberté financière, bien avant tous les business en ligne que vous connaissez aujourd'hui.

Exemple: selon mon expérience la liberté financière s'acquiert au bout de trois ans en moyenne. À condition bien entendu d'y travailler tous les jours.

Conseils pratiques : Consacrez une partie de vos gains, même et surtout au début, au développement de votre activité.

Licence professionnelle

Définition : L'Université Paris-Est Créteil propose une licence professionnelle intitulée "Marketing et Management de la Vente Directe (Bac +3).

Explication détaillée : Cette professionnalisation de la vente directe résulte d'une initiative de la fédération de la vente directe (FVD).

Le dictionnaire des concepts en marketing de réseau

Exemple : Joan suit ce parcours de formation pour obtenir une connaissance pointue du secteur économique de la vente directe, et découvrir des outils de communication spécifiques à cette profession.

Conseil pratique : il n'est pas indispensable d'avoir en poche ce diplôme pour réussir en marketing de réseau. Il permet cependant de postuler dans les sociétés MLM à des postes de *responsable administration des ventes*, d'*assistant.e marketing*, de c*hargé.e d'études marketing.*

Ligne de parrainage

Définition : La ligne de parrainage en marketing de réseau désigne la hiérarchie des relations entre les distributeurs, allant du parrain (ou sponsor) aux filleuls, créant une chaîne de parrainage.

Explications détaillées : Chaque distributeur est parrainé par un autre distributeur, formant une ligne de parrainage. Cette structure est cruciale pour le support, la formation et la motivation des nouveaux membres.

Exemple : Un réseau où les parrains partagent des stratégies de vente efficaces avec leurs filleuls, augmentant ainsi les performances de toute la ligne de parrainage.

Conseil pratique : Engagez-vous activement dans le mentorat de vos filleuls, partagez vos connaissances et fournissez un soutien régulier. À défaut de pouvoir le faire vous-même, appuyez-vous sur votre leader et sa disponibilité.

Lignée

Définition : La lignée en marketing de réseau fait référence à l'ensemble des distributeurs descendant d'un même parrain, incluant plusieurs générations de filleuls.

Explications détaillées : La lignée représente la structure hiérarchique de l'équipe, où chaque membre est lié par une chaîne de parrainage. Le succès de la lignée dépend de la coopération, du soutien mutuel et de la duplication des pratiques efficaces.

Exemple : Une lignée qui organise des événements réguliers pour renforcer les liens et partager les meilleures pratiques, augmentant la cohésion et le succès global.

Conseils pratiques : une lignée est d'autant plus forte qu'elle est collaborative. Cela se réfléchit et s'organise pour ne pas se limiter à des vœux pieux.

Liste de noms

Définition : La liste de noms est un outil essentiel en marketing de réseau, regroupant les contacts potentiels à qui les distributeurs peuvent présenter les produits ou opportunités d'affaires.

Explications détaillées : Créer et maintenir une liste de noms est crucial pour le développement de votre réseau. Elle inclut des amis, des membres de la famille, des collègues et d'autres contacts. Cette liste sert de base pour vos efforts de prospection et doit être constamment mise à jour et élargie.

Exemple : Un nouveau distributeur compile une liste de 100 contacts, les classant par niveau de relation et d'intérêt potentiel, facilitant ainsi la planification des présentations.

Conseil pratique : Diversification. Incluez une variété de contacts pour augmenter vos chances de succès. Pensez à des contacts professionnels, et sociaux.

M

Marché froid/chaud

Définition : Les termes "marché froid" et "marché chaud" désignent respectivement les prospects que vous ne connaissez pas personnellement (froid) et ceux que vous connaissez bien (chaud).

Explications détaillées : Le marché chaud inclut des amis, des familles et des collègues, souvent plus faciles à aborder et plus réceptifs. Le marché froid, composé de personnes inconnues, nécessite une approche différente, souvent plus structurée et professionnelle pour établir la confiance et l'intérêt.

Exemples : Un distributeur commence par son marché chaud pour lancer son activité, obtenant rapidement des premiers clients et des retours positifs. Un autre distributeur utilise des réseaux sociaux et des campagnes de publicité en ligne pour cibler le marché froid, développant une nouvelle base de clients en dehors de son cercle social.

Conseils pratiques : Travaillez constamment à transformer votre marché froid en marché chaud en construisant des relations et en établissant la confiance.

Marge

Définition : La marge en marketing de réseau désigne la différence entre le coût d'achat d'un produit pour le distributeur et le prix de vente final, représentant le profit brut réalisé.

Explication détaillée : Comprendre et gérer la marge est essentiel pour la rentabilité. Une marge élevée permet de couvrir les coûts opérationnels et de générer des profits.

Exemples : Charlotte achète un produit pour 20 € et le vend à 40 €, réalisant une marge de 50%.

Conseil pratique : on parle de marge dans une opération d'achat-revente. Quant à la vente en ligne, le client paie directement l'entreprise que vous représentez. Dans ce cas, il s'agit d'une commission.

Marketing communautaire

Définition : Le marketing communautaire en marketing de réseau consiste à créer et à engager une communauté autour de vos produits ou de votre marque pour favoriser la fidélité et l'engagement des clients.

Explications détaillées : Cette stratégie repose sur la création de liens forts et authentiques avec les clients, souvent par le biais de groupes sur les réseaux sociaux, de forums en ligne ou d'événements communautaires. Le marketing communautaire encourage les interactions et les recommandations de bouche-à-oreille, renforçant ainsi la confiance et la loyauté.

Exemple : Justine organise des ateliers mensuels pour ses clients, créant une communauté engagée et fidèle qui échange régulièrement sur les produits et les résultats obtenus.

Conseil pratique : savoir animer une communauté engagée est la clé majeure du succès en marketing de réseau, à l'heure où cet ouvrage est écrit.

Marketing d'attraction

Définition : Le marketing d'attraction est une stratégie visant à attirer des prospects et des clients en fournissant de la valeur et en créant une image de marque attrayante, plutôt que de les solliciter activement (14).

Explications détaillées : Cette approche repose sur la création de contenu pertinent et utile qui répond aux besoins et aux intérêts de votre audience cible. En offrant des solutions, des informations et des conseils de qualité, vous devenez une source de confiance et d'autorité, attirant naturellement des prospects vers vous.

Exemple : Alex publie régulièrement des articles de blog et des vidéos éducatives sur la nutrition et le bien-être, attirant un large public intéressé par ses produits.

Conseil pratique : la compétence clé à développer est celle de création de contenu. Les marketeurs de réseau à succès sont des créateurs de contenu.

Marketing de contenu

Définition : Le marketing de contenu consiste à créer et partager des informations pertinentes sur internet et de qualité pour attirer et engager une audience cible, avec l'objectif de générer des leads et des ventes.

Explications détaillées : En marketing de réseau, le marketing de contenu sert à éduquer, informer et divertir votre audience, établissant ainsi une relation de confiance et de crédibilité. Les formats courants incluent les articles de blog, les vidéos, les infographies, les livres électroniques et les webinaires.

Exemple : Lucas publie un blog sur le bien-être, incluant des articles sur les bienfaits de ses produits, attirant ainsi un public intéressé par la santé naturelle.

Conseil pratique : Planification. Développez un calendrier éditorial pour organiser la production et la publication de votre contenu (15).

Marketing de réseau

Définition : Le marketing de réseau, ou vente multiniveaux (MLM), est un modèle de vente directe où les distributeurs gagnent des commissions sur leurs propres ventes et celles réalisées par leur réseau de distributeurs.

Explications détaillées : Ce modèle repose sur la création d'un réseau de distributeurs qui vendent des produits directement aux consommateurs. Les distributeurs peuvent également recruter de nouveaux membres, augmentant ainsi leurs revenus par le biais de commissions sur les ventes réalisées par leur équipe.

Exemple : Une entreprise choisit ce modèle économique pour externaliser la commercialisation : vente et recrutement.

Conseil pratique : Il faut au moins 12 mois de formation et de pratique pour bien appréhender la complexité de ce métier (16).

Le dictionnaire des concepts en marketing de réseau

Marketing expérientiel

Définition : Le marketing expérientiel est une stratégie qui vise à créer des expériences mémorables et engageantes pour les consommateurs, en leur permettant de vivre les produits ou services de manière interactive et immersive.

Explications détaillées : Cette approche repose sur l'engagement sensoriel et émotionnel des consommateurs, en organisant des événements, des démonstrations de produits ou des activités interactives. L'objectif est de forger un lien émotionnel fort avec la marque, ce qui peut augmenter la fidélité des clients et stimuler le bouche-à-oreille.

Exemple : Judith organise des ateliers sur le thème des huiles essentielles, ce qui séduit les participants qui testent les fragrances.

Conseil pratique : Créer des expériences uniques. Développez des activités qui permettent aux consommateurs de vivre et de comprendre vos produits de manière engageante. En ligne, faites des présentations esthétiques, colorées et qui respectent les codes graphiques.

Marketing participatif

Définition : Le marketing participatif implique les consommateurs dans le processus de création et de promotion des produits ou services, en les faisant participer activement à des sondages, des concours, des cocréations et des campagnes interactives.

Explications détaillées : Cette stratégie repose sur l'engagement direct des consommateurs, qui deviennent des cocréateurs de valeur. En marketing de réseau, transformer un client en distributeur est un processus de marketing participatif.

Exemple : une réunion à domicile coorganisée par une hôtesse qui ne distribue pas la marque mais qui est récompensée d'accueillir chez elle des démonstrations de produits.

Conseil pratique : Vous pouvez présenter le marketing de réseau comme une activité qui crée des réseaux de consommateurs associés.

Marketing relationnel

Définition : Le marketing relationnel est une stratégie qui se concentre sur la création et le maintien de relations à long terme avec les clients, en mettant l'accent sur la satisfaction, la fidélisation et la communication continue.

Explications détaillées : Contrairement au marketing transactionnel, qui se concentre sur les ventes ponctuelles, le marketing relationnel vise à établir une relation de confiance avec les clients. En marketing de réseau, le lien social est au cœur de la démarche.

Exemple : La vente directe est née de l'utilisation des réseaux personnels de relations.

Conseil pratique : Contrairement aux apparences, placer la relation humaine au centre de toutes interactions est difficile. Inspirer confiance, être crédible, écouter demandent à mettre de côté son intérêt personnel.

Marque souterraine

Définition : Une marque souterraine est une marque qui maintient une présence discrète et exclusive, souvent connue uniquement d'un cercle restreint d'initiés ou de passionnés, créant un sentiment d'exclusivité et de mystère.

Explications détaillées : Ces marques n'investissent pas dans des campagnes publicitaires massives mais misent sur le bouche-à-oreille, les événements privés et les réseaux sociaux pour se promouvoir. C'est le pari stratégique des sociétés de vente directe.

Exemple : Une marque de vêtements de luxe qui ne vend ses produits que dans des boutiques éphémères et par invitation seulement.

Conseil pratique : Communiquer le nom de marque de vos produits sur les réseaux sociaux n'est pas une bonne idée. Cela contredit l'ADN stratégique du métier. Mieux vaut communiquer sur vous en tant que marque personnelle. La marque que vous vendez doit être discrète et intrigante.

Micro-franchise

Définition : Une micro-franchise est un modèle de franchise à petite échelle, accessible à des entrepreneurs avec un investissement initial faible, permettant de créer et de gérer une petite entreprise sous la marque d'une entreprise mère établie.

Explications détaillées : On parle souvent de micro-franchise s'agissant de MLM, en raison des similitudes de fonctionnement avec le concept de franchise commerciale.

Exemple : Le principe clé d'une franchise commerciale est la duplication à l'identique de tous les points de vente.

Conseil pratique : Il est judicieux de présenter votre opportunité d'affaires comme ressemblant à une franchise, en comparant les coûts de démarrage entre les deux business.

Migration de réseau

Définition : La migration de réseau désigne le processus par lequel un distributeur ou une équipe de distributeurs quitte une entreprise de marketing de réseau pour rejoindre une autre, emportant souvent avec eux leur clientèle et leur réseau de distributeurs.

Explications détaillées : Cette migration peut être motivée par divers facteurs, tels que de meilleures opportunités de revenus, des produits plus attractifs, ou des désaccords avec la direction de l'entreprise précédente. Bien que légitime, ce processus doit être géré avec soin pour éviter les conflits et respecter les accords de non-concurrence.

Exemple : Implanter un territoire avec un plan de rémunération ultra généreux entraîne souvent de telles migrations.

Conseil pratique : Comme on dit, l'herbe est toujours plus verte ailleurs. Attention aux sirènes qui prétendent que vous réussirez mieux avec une autre marque.

MLM (Marketing de réseau)

Définition : Le MLM (Multi-level marketing) est un modèle d'affaires où les distributeurs gagnent des revenus par la vente directe de produits et par le recrutement de nouveaux distributeurs dans leur réseau, créant ainsi une structure en profondeur.

Explications détaillées : Ce modèle repose sur la vente de produits ou services par le biais de réseaux de distributeurs indépendants qui sont récompensés non seulement pour leurs propres ventes, mais aussi pour les ventes de leur réseau en aval. À certains égards, on pourrait faire la distinction entre MLM et Vente directe, selon qu'on soit payé sur un niveau ou plusieurs.

Exemple : Tupperware ne serait pas un MLM, mais une société de vente directe classique.

Conseil pratique : Une société de vente multiniveaux digne de confiance est adhérente à une ou plusieurs fédérations professionnelles.

MLM d'investissement

Définition : Un MLM d'investissement est un modèle de marketing de réseau où les participants investissent dans des produits financiers ou des opportunités d'investissement, gagnant des commissions par le recrutement de nouveaux investisseurs.

Explications détaillées : Ce modèle combine les principes du marketing de réseau avec des investissements financiers, souvent dans des domaines comme les crypto-monnaies, l'immobilier ou les fonds d'investissement. Bien que potentiellement lucratif, il est aussi sujet à des régulations strictes et à des risques élevés de fraude.

Exemple : On a vu des entreprises de crypto-monnaie qui utilisent un modèle MLM pour recruter des investisseurs, offrant des commissions basées sur les montants investis et le recrutement de nouveaux investisseurs.

Conseil pratique : C'est rare que l'entreprise MLM d'investissement soit enregistrée et régulée par les autorités compétentes. Soyez très vigilant. Mon conseil est d'investir exclusivement pour vous-même, sans parrainer personne.

Modèle économique

Définition : Le modèle économique décrit la façon dont une entreprise crée, livre et capture de la valeur, incluant ses sources de revenus, ses structures de coûts, ses segments de clientèle et ses canaux de distribution.

Explications détaillées : Un modèle économique solide est essentiel pour la viabilité et la croissance d'une entreprise. Il comprend plusieurs éléments clés : la proposition de valeur, l'infrastructure, les partenaires stratégiques, les flux de revenus et les coûts opérationnels. En marketing de réseau, le modèle économique inclut également la structure des commissions et les stratégies de recrutement.

Exemple : Une entreprise de logiciels qui utilise un modèle d'abonnement, combiné avec un réseau de revendeurs pour élargir sa base de clients.

Conseils pratiques : En phase de recrutement, explicitez le modèle économique du marketing de réseau en exposant le modèle d'abonnement (autoship), l'effet levier (le parrainage), la part du chiffre d'affaires reversé au réseau (les commissions).

Momentum

Définition : Le Momentum en marketing de réseau fait référence à la période de croissance rapide et soutenue d'un réseau de distributeurs, caractérisée par une augmentation significative des ventes et du recrutement.

Explications détaillées : Le momentum est crucial pour le succès d'une entreprise de marketing de réseau. Il se produit généralement lors d'un lancement de produit ou d'implantation de territoire.

Exemple : Certaines entreprises (17) planifient des années à l'avance la sortie de nouveaux produits, généralement innovants, pour annoncer un momentum.

Conseil pratique : Prenez très au sérieux les lancements à venir de nouveaux produits, car en quelques jours lors de leur sortie, vous pouvez faire l'équivalent d'un chiffre d'affaires annuel, même avec une toute petite équipe.

Le dictionnaire des concepts en marketing de réseau

Mouvement F.I.R.E

Définition : Le Mouvement F.I.R.E (Financial Independence, Retire Early) prône l'indépendance financière et une retraite anticipée grâce à une gestion rigoureuse des finances et des investissements judicieux.

Explications détaillées : Les adeptes du mouvement F.I.R.E épargnent et investissent une grande partie de leurs revenus pour atteindre une indépendance financière qui leur permet de prendre leur retraite bien avant l'âge traditionnel. Le marketing de réseau est souvent vu comme un outil potentiel pour accélérer ce processus grâce aux revenus résiduels et à la flexibilité qu'il offre.

Exemple : Paul, en suivant les principes du F.I.R.E, épargne 70% de ses gains en marketing de réseau, permettant de se retirer du marché du travail à 45 ans.

Conseil pratique : Diversifier les revenus. Utilisez le marketing de réseau pour générer des revenus supplémentaires et investir dans divers actifs.

N

Network marketing

Définition : Le network marketing, ou marketing de réseau, est un modèle commercial dans lequel des distributeurs indépendants vendent des produits directement aux consommateurs et recrutent d'autres distributeurs pour créer un réseau de vente.

Explications détaillées : Le network marketing repose sur la vente directe et le recrutement de nouveaux distributeurs, permettant de gagner des commissions sur les ventes personnelles et celles de l'équipe. Network marketing est le mot anglais pour marketing de réseau.

Exemple : Ana développe un réseau solide en combinant ventes directes et recrutement, ce qui lui permet de percevoir des commissions élevées. Son approche principale est de réseauter hors ligne.

Le dictionnaire des concepts en marketing de réseau

Conseil pratique : Construire un réseau. Enseignez à vos partenaires d'affaires les techniques de réseautage hors ligne (18).

Niveau

Définition : En marketing de réseau, un niveau désigne la position relative d'un distributeur dans la hiérarchie de l'organisation, par rapport à son parrain et aux membres de son équipe (19).

Explications détaillées : Les niveaux sont utilisés pour structurer les plans de compensation et déterminer les commissions. Plus un distributeur a de niveaux sous lui, plus il peut potentiellement gagner de commissions, mais cela dépend aussi de la performance des membres de ces niveaux.

Exemples : Julia a trois niveaux de distributeurs dans son réseau, ce qui augmente ses commissions grâce aux ventes réalisées par ses équipes de niveau inférieur.

Conseil pratique : Lorsque vous expliquez les principes de la vente multiniveaux, évitez de soutenir l'argument selon lequel il n'y a rien à faire puisque les niveaux inférieurs travaillent.

Objections

Définition : Les objections en marketing de réseau sont les préoccupations ou les résistances exprimées par les prospects ou les membres potentiels, qui doivent être surmontées pour conclure une vente ou un recrutement.

Explications détaillées :

Les objections peuvent porter sur le produit, l'opportunité d'affaires, le prix, ou la crédibilité de l'entreprise. Savoir traiter efficacement les objections est crucial pour convertir les prospects en clients ou en distributeurs.

Exemple : Pierre fait face à des objections sur la viabilité du marketing de réseau. Il partage des témoignages et des succès pour rassurer ses prospects.

Conseil pratique : La plupart des objections sont connues et courantes. Il suffit de les envisager toutes, d'apprendre à les traiter, avant de les entendre.

Opportunité d'affaires

Définition : Une opportunité d'affaires en marketing de réseau est une proposition commerciale permettant à des individus de devenir distributeurs indépendants, de vendre des produits ou services, et de recruter d'autres distributeurs pour générer des revenus.

Explications détaillées : Cette opportunité inclut généralement des produits ou services à vendre, un plan de compensation, une logistique de livraison, parfois un site web à votre nom, et des outils et formations pour aider les distributeurs à réussir. Les opportunités d'affaires sont souvent promues comme un moyen de gagner un revenu complémentaire ou principal.

Exemple : Emilie bénéficie d'un site web marchand, structuré pour faire du e-commerce. Grâce à une présence active sur les réseaux sociaux, son site accueille chaque jour des visiteurs.

Conseils pratiques : Dans vos démarches de recrutement, ciblez de préférence des entrepreneurs ou des indépendants.

Outils de présentation

Définition : Les outils de présentation en marketing de réseau sont des ressources utilisées par les distributeurs pour promouvoir les produits et les opportunités d'affaires, incluant des brochures, des vidéos, des diaporamas, et des démonstrations en direct.

Explications détaillées : Ces outils aident à communiquer de manière efficace les avantages des produits et des opportunités d'affaires. Ils peuvent être personnalisés pour répondre aux besoins spécifiques des prospects et améliorer les taux de conversion.

Le dictionnaire des concepts en marketing de réseau

Exemple : Anne crée des diaporamas convaincants pour ses réunions de recrutement, aidant à expliquer le plan de compensation et les bénéfices de rejoindre son réseau.

Conseil pratique : Utilisez des outils de haute qualité pour faire une bonne première impression.

P

Panier d'achat moyen

Définition : Le panier d'achat moyen est la valeur moyenne des achats effectués par un client au cours d'une transaction dans le cadre du marketing de réseau.

Explications détaillées : Cette métrique est essentielle pour évaluer la performance des ventes et l'efficacité des stratégies de marketing. Il peut être augmenté par des techniques de vente incitative et de vente croisée, améliorant ainsi les revenus totaux.

Exemple : Alice utilise des stratégies de vente croisée pour augmenter le panier d'achat moyen de ses clients en proposant des produits complémentaires.

Conseil pratique : Vente croisée. Proposez des produits complémentaires pour encourager les achats supplémentaires.

Parrain, marraine

Définition : En marketing de réseau, un parrain ou une marraine est un distributeur qui recrute et forme de nouveaux membres, les aidant à développer leur propre réseau et à réussir dans l'activité.

Explications détaillées : Le rôle de parrain ou marraine est crucial pour le succès du nouveau distributeur. Ils fournissent mentorat, soutien, et formation, et bénéficient des commissions sur les ventes réalisées par leurs recrues, créant un partenariat gagnant-gagnant.

Exemple : Marc, en tant que parrain, établit des objectifs clairs avec ses recrues et les motive régulièrement, ce qui permet à son équipe de croître plus rapidement.

Conseil pratique : Il y a une différence entre recruter et parrainer. Recruter consiste à simplement inscrire des gens, parrainer à les aider à réussir.

Parrainage

Définition : Le parrainage se réfère à une stratégie de marketing où les clients existants (appelés parrains) recommandent les produits ou services de l'entreprise à de nouveaux clients potentiels (appelés filleuls).

Explications détaillées : En échange, les parrains reçoivent généralement des récompenses ou des incitations, telles que des réductions, des produits gratuits ou des points de fidélité, pour chaque nouveau client qu'ils amènent à l'entreprise. Cette approche repose sur la confiance et les relations personnelles des clients existants, ce qui peut être très efficace pour attirer de nouveaux clients et augmenter les ventes.

Le dictionnaire des concepts en marketing de réseau

Exemple : Les banques en ligne organisent régulièrement des opérations de parrainage en offrant des primes aux filleuls et aux parrains.

Conseil pratique : Il est toujours utile et efficace de démontrer que le concept de parrainage ne se limite pas au marketing multiniveaux.

Pentagone de la croissance

Définition : Le pentagone de la croissance est un modèle stratégique en marketing de réseau qui illustre les cinq piliers essentiels pour développer un réseau prospère et durable : recrutement, formation, motivation, duplication, et rétention.

Explications détaillées : Ce modèle vise à fournir une structure équilibrée pour la croissance du réseau. Chaque pilier joue un rôle crucial : le recrutement pour attirer de nouveaux membres, la formation pour leur donner les compétences nécessaires, la motivation pour les encourager à persévérer, la duplication pour assurer la reproductibilité des succès, et la rétention pour maintenir les membres dans le réseau.

Exemple : Jonathan, un leader de réseau, implémente ce modèle pour analyser et améliorer les performances de son équipe, se concentrant sur les domaines nécessitant un renforcement.

Conseil pratique : Évaluez régulièrement les performances dans chaque domaine et ajustez vos stratégies en conséquence.

Pitch de vente

Définition : Un pitch de vente est une présentation concise et persuasive utilisée par les distributeurs pour attirer l'intérêt des prospects et les convaincre des avantages des produits ou de l'opportunité d'affaire.

Explications détaillées : Un bon pitch de vente capte rapidement l'attention, met en avant les points forts des produits ou de l'opportunité, et appelle à l'action. Il doit être clair, engageant, et adapté aux besoins spécifiques du prospect. Les éléments clés incluent une ouverture accrocheuse, une présentation des bénéfices, et une conclusion avec un appel implicite à l'action.

Exemple : Stéphanie développe un pitch de vente percutant pour un nouveau produit de beauté, en proposant de tester en 3 minutes chrono ses effets observables.

Conseil pratique : Une technique est de démarrer votre pitch en démarrant par votre "pourquoi" (20).

Placement direct

Définition : Le placement direct en marketing de réseau désigne l'acte d'inscrire directement un nouveau distributeur sous un distributeur existant, sans intermédiaire, généralement pour renforcer la ligne descendante de manière stratégique.

Explications détaillées : Le placement direct permet de contrôler la structure de l'équipe en plaçant les nouvelles recrues là où elles sont le plus nécessaires. Cette technique est souvent utilisée pour équilibrer les branches dans un plan de compensation binaire ou pour renforcer une ligne faible. Une gestion stratégique du placement direct peut maximiser les gains en optimisant la dynamique d'équipe et en assurant un soutien adéquat pour les nouveaux membres.

Exemple : Mathieu place directement ses nouvelles et personnelles recrues sous une ligne descendante qui a besoin de renforcement. Cela stabilise cette partie de son réseau.

Conseils pratiques : Ce sont des considérations stratégiques qui nécessitent les conseils d'un leader. Intéressez-vous-y le plus tôt possible, car il est courant de regretter d'avoir rater quelque chose d'important.

Placement stratégique

Définition : Le placement stratégique en marketing de réseau est l'art d'organiser les nouvelles recrues dans la structure du réseau de manière à maximiser les bénéfices et la croissance de l'ensemble du réseau.

Explications détaillées : Cette technique implique de réfléchir à la meilleure position pour chaque nouveau membre afin de soutenir les lignes faibles, équilibrer les branches dans un plan binaire, ou optimiser les commissions de groupe. Le placement stratégique est essentiel pour créer une équipe solide et performante, en assurant que chaque membre reçoit le soutien nécessaire pour réussir.

Exemple : Salim enseigne à ses leaders son expérience du placement stratégique.

Conseil pratique : Analysez finement les besoins de votre réseau avant de décider où placer les nouveaux membres.

Plan Binaire

Définition : Un plan binaire est une structure de compensation en marketing de réseau où chaque distributeur peut recruter deux membres directs, formant ainsi deux branches principales ou "jambes", souvent appelées jambe gauche et jambe droite.

Explications détaillées : Dans un plan binaire, les commissions sont souvent basées sur l'équilibre des ventes entre les deux jambes. Les distributeurs gagnent des commissions en fonction du volume de ventes de la jambe la plus faible, encourageant ainsi à équilibrer les deux côtés. Ce modèle favorise la collaboration et le soutien entre les membres de l'équipe pour maintenir une croissance équilibrée.

Exemple : Eve, utilisant un plan binaire, se concentre sur le renforcement de sa jambe la plus faible pour maximiser ses commissions et atteindre ses objectifs de bonus.

Conseils pratiques : Soutenez individuellement les personnes les plus engagées et collectivement les moins performantes (sous forme de réunion de groupe en ligne ou hors ligne).

Plan carrière

Définition : Un plan carrière en marketing de réseau est un schéma détaillé des opportunités de progression et des récompenses disponibles pour les distributeurs à mesure qu'ils atteignent différents niveaux de performance et de responsabilité.

Explications détaillées : Le plan carrière offre une feuille de route claire pour les distributeurs, détaillant les critères nécessaires pour atteindre chaque niveau, ainsi que les bénéfices associés tels que les bonus, les commissions accrues, et les reconnaissances publiques. Il motive les distributeurs à progresser en leur fournissant des objectifs concrets et des incitations attractives.

Exemple : Ce qui motive Gaël, c'est de se projeter dans l'avenir.

Conseil pratique : C'est essentiel de donner une vision aux personnes qui vous rejoignent. Apprenez à présenter votre plan de carrière sans rien exagérer.

Plan de compensation

Définition : Un plan de compensation est la structure de rémunération utilisée par les entreprises de marketing de réseau pour payer les distributeurs.

Explications détaillées : Les plans de compensation peuvent varier considérablement, mais ils incluent généralement des éléments tels que les commissions sur les ventes personnelles, les bonus pour le recrutement de nouveaux membres, et des récompenses pour la performance de l'équipe. Un bon plan de compensation est transparent, équitable et motivant, encourageant les distributeurs à atteindre leurs objectifs et à soutenir la croissance de leur réseau.

Exemple : Amandine travaille avec un plan de compensation unilevel qui lui permet de gagner des commissions sur les ventes de tous les membres de son équipe directe, favorisant une large base de distributeurs actifs.

Conseil pratique : Comprendre parfaitement le plan de compensation vous aidera à poser des stratégies de développement.

Plan hybride

Définition : Un plan hybride en marketing de réseau est une structure de compensation qui combine des éléments de plusieurs types de plans, tels que le binaire, le matriciel, et l'unilevel, pour offrir une flexibilité et des opportunités de gains variées.

Explications détaillées : Le plan hybride vise à tirer parti des avantages de différents modèles de compensation pour créer un système plus équilibré et motivant. Par exemple, il peut inclure des caractéristiques d'un plan binaire pour l'équilibre des équipes, des aspects d'un plan matriciel pour des gains rapides, et des éléments d'un plan unilevel pour des commissions calculées par exemple sur les gains de ses distributeurs directs.

Exemple : Clara travaille avec un plan hybride qui combine un plan binaire pour ses deux jambes principales et un plan unilevel pour ses parrainages personnels.

Conseil pratique : Créez des schémas design et professionnels (qui respectent les codes graphiques) pour illustrer le potentiel de votre plan hybride.

Plan matriciel

Définition : Un plan matriciel est une structure de compensation où les distributeurs sont placés dans une matrice fixe, généralement de largeur et de profondeur définies (par exemple, 3x3), limitant le nombre de recrues directes et forçant le placement des nouveaux membres dans les niveaux inférieurs.

Explications détaillées : Ce modèle encourage une croissance équilibrée et rapide, car les nouveaux membres sont placés automatiquement sous les recruteurs existants une fois que leur niveau est complet. Les commissions sont basées sur les niveaux atteints dans la matrice, et des bonus peuvent être accordés pour remplir certaines parties de la matrice.

Exemple : Alice utilise un plan matriciel 3x3 où elle a rapidement complété ses trois premiers niveaux, recevant des bonus de remplissage et aidant ses recrues à faire de même.

Conseil pratique : C'est un modèle qui s'apparente à percevoir des primes plutôt que des commissions sur ventes. Il faut développer un bon niveau de savoir-faire en recrutement.

Le dictionnaire des concepts en marketing de réseau

Plan unilevel

Définition : Un plan unilevel est une structure de compensation où les distributeurs peuvent recruter un nombre illimité de membres directs, gagnant des commissions sur les ventes réalisées par ces recrues et souvent sur plusieurs niveaux en profondeur.

Explications détaillées : On parle de recrutement en largeur et en profondeur. Les commissions versées sont illimitées selon le chiffre d'affaires des distributeurs personnellement recrutés (largeur). Les commissions sont généralement versées sur les ventes d'un nombre limité de niveaux en dessous (profondeur).

Exemple : John a personnellement recruté 45 personnes en largeur, ce qui a généré un réseau en profondeur de 20 000 autres personnes.

Conseil pratique : Ne sous estimez pas ce modèle qui est parfois jugé obsolète. Un plan de rémunération conditionne le succès d'une marque. Or certaines d'entre elles sont milliardaires en chiffres d'affaires et cotées en bourse, avec un plan unilevel.

Point

Définition : Un point en marketing de réseau représente une unité de mesure utilisée pour quantifier les ventes de produits et les activités des distributeurs, servant souvent de base pour les calculs de commissions et de récompenses.

Explications détaillées : Les entreprises de marketing de réseau attribuent des points à chaque produit vendu. Ces points sont accumulés par les distributeurs et leurs équipes, déterminant ainsi les niveaux de commission, les primes et les qualifications pour les promotions ou les voyages incitatifs. Les points simplifient la gestion des ventes, notamment quand vous êtes à la tête d'un réseau international avec des devises différentes.

Exemple : Alexandra vend un produit 100 € à son client, correspondant à 90 points.

Conseil pratique : Compte tenu du nombre de devises dans le monde, présentez à vos prospects le point comme l'équivalent d'une unité monétaire mondiale.

Ponzy

Définition : Un schéma Ponzi est une fraude d'investissement où les rendements versés aux investisseurs initiaux sont financés par les apports des nouveaux investisseurs, plutôt que par des profits réels.

Explications détaillées : Les schémas Ponzi promettent des rendements élevés avec peu ou pas de risque, attirant de nouveaux investisseurs dont les fonds sont utilisés pour payer les anciens investisseurs. Ces schémas finissent par s'effondrer lorsque l'afflux de nouveaux investisseurs ralentit et que les paiements aux anciens investisseurs ne peuvent plus être maintenus.

Exemple : Bernard Madoff a orchestré l'un des plus grands schémas Ponzi, promettant des rendements constants et élevés à ses investisseurs, mais utilisant les fonds des nouveaux entrants pour payer les anciens, jusqu'à ce que le schéma s'effondre.

Conseil pratique : Impossible de ne pas parler de ce type de fraude tant on a abusivement comparé le MLM à un Ponzy. Pour rassurer vos contacts sur ce point, montrez la légitimité légale de la vente multiniveaux à travers les initiatives de la FVD.

Ponzy game

Définition : C'est une activité déguisée en vente multiniveaux où les participants assument de recruter de nouveaux membres en sachant bien qu'il y aura des gens lésés.

Explications détaillées : Assez souvent les MLM d'investissement abritent des concepts où des rendements mirobolants attirent un large public.

Exemple : Un jeu d'argent où vous placez des fonds à 2 % de rendement quotidien.

Conseil pratique : Quand vous ne savez pas comment précisément circule l'argent dans une activité, vous avez un signal fort d'anomalie. Éduquez-vous sur les mécanismes des fraudes financières pour éviter de tomber dans ces pièges.

Premier cercle

Définition : Le premier cercle en marketing de réseau désigne le groupe de distributeurs directement parrainés par un distributeur principal, formant le niveau le plus proche de ce dernier dans la hiérarchie du réseau.

Explications détaillées : Ce groupe est crucial car il constitue la base de la croissance du réseau et influence directement le succès du distributeur principal. Parmi les membres du premier cercle, vous trouvez souvent des proches du parrain ou de la marraine.

Exemple : Caroline a recruté sa meilleure amie qui entre donc dans son premier cercle.

Conseils pratiques : Construire un premier cercle de qualité sera dynamisant pour vous. Recherchez des personnes clairement engagées ou avec une culture entrepreneuriale.

Prendre une position

Définition : "Prendre une position" en marketing de réseau signifie s'engager officiellement dans une entreprise de marketing de réseau en devenant distributeur et en démarrant l'activité.

Explications détaillées : Cela implique l'inscription à l'entreprise, souvent accompagnée de l'achat d'un kit de démarrage, de la compréhension des produits et du plan de compensation. Cela dit, il est parfois possible de prendre une position dans un réseau déjà constitué sous vous.

Exemple : Luc est un leader qui crée des inscriptions factices en dessous desquelles il développe du réseau avec du chiffre d'affaires. Le moment venu il pourrait offrir cette position factice à un candidat de qualité, s'il voulait absolument le recruter.

Conseil pratique : Selon les plans de rémunération, il y a de nombreuses stratégies de développement. Étudiez attentivement ce qui est permis de faire ou pas.

Présentation d'affaires

Définition : La présentation d'affaires en marketing de réseau est une session organisée pour présenter les opportunités commerciales et les produits de l'entreprise à des prospects potentiels.

Explications détaillées : Cette présentation peut se dérouler en personne, en ligne ou par le biais de webinaires. Elle vise à informer les participants sur les avantages du produit, le plan de compensation et les bénéfices de rejoindre l'entreprise.

Exemple : Une équipe organise deux fois par semaine une présentation publique.

Conseils pratiques : Les présentations d'affaires ont évolué depuis ces dernières années. Pensez que vous êtes en concurrence avec un grand nombre de business en ligne. Inspirez-vous-en pour être professionnel.

Prix de gros

Définition : Le prix de gros est le coût réduit auquel les distributeurs de marketing de réseau peuvent acheter des produits de l'entreprise, souvent pour les revendre à un prix de détail plus élevé ou pour leur propre consommation.

Explications détaillées : Acheter à prix de gros permet aux distributeurs de réaliser une marge bénéficiaire sur la revente des produits. Le prix de gros encourage également les distributeurs à acheter en volume, stimulant ainsi les ventes globales de l'entreprise.

Exemple : Julie, distributrice de produits cosmétiques, achète des produits à prix de gros pour les utiliser dans ses démonstrations et les revendre ensuite à ses clientes.

Conseil pratique : Gérez soigneusement votre stock pour éviter les surstocks ou les ruptures.

Procrastination

Définition : La procrastination en marketing de réseau est le fait de reporter systématiquement les tâches et les actions nécessaires pour développer son activité, ce qui peut nuire à la croissance et à la réussite de vos objectifs.

Explications détaillées : La procrastination peut affecter les distributeurs en retardant des actions cruciales comme le recrutement de nouveaux membres, le suivi des prospects, ou la participation à des formations. Les raisons courantes incluent la peur de l'échec, le manque de motivation ou la mauvaise gestion du temps. La procrastination peut entraîner une perte de productivité, une baisse de moral et un impact négatif sur les revenus et la croissance de l'équipe.

Exemple : Linda remet à plus tard ses formations en ligne, ce qui l'empêche de maîtriser de nouvelles compétences nécessaires pour améliorer son efficacité.

Conseil pratique : Passer à l'action est souvent évoqué pour ne pas dire invoquer, c'est-à-dire répété comme un leitmotiv. Une solution parmi d'autres est de travailler la capacité d'installer de nouvelles habitudes (21).

Productivité

Définition : La productivité en marketing de réseau se réfère à l'efficacité avec laquelle un distributeur ou une équipe de distributeurs utilise son temps et ses ressources pour atteindre ses objectifs de vente et de recrutement.

Explications détaillées : Être productif signifie dans la pratique être dans des actions quotidiennes directement liées aux ventes et aux parrainages. Cela inclut l'optimisation des activités de prospection, de présentation, de suivi et de formation.

Exemple : Clara utilise un système de gestion du temps pour planifier ses activités quotidiennes, augmentant ainsi sa productivité et ses ventes.

Conseils pratiques : Une haute productivité est souvent corrélée à des revenus plus élevés et à une croissance plus rapide du réseau.

Produit du produit

Définition : Le terme "produit du produit" en marketing de réseau désigne l'effet bénéfique ou la transformation personnelle que les distributeurs ou les clients éprouvent en utilisant les produits de l'entreprise, servant ainsi de témoignage vivant de leur efficacité.

Explications détaillées : Les distributeurs qui sont eux-mêmes des utilisateurs satisfaits des produits deviennent des ambassadeurs convaincants, car ils peuvent partager leurs expériences personnelles et les résultats obtenus. Cela renforce la crédibilité et l'authenticité de leur démarche commerciale.

Exemple : Leila distributrice de produits de bien-être, partage son histoire de perte de poids grâce aux produits de l'entreprise, ce qui l'aide considérablement à vendre sa solution.

Conseils pratiques : Utilisez les produits que vous vendez pour mieux comprendre et partager leurs avantages.

Progression géométrique

Définition : La progression géométrique en marketing de réseau décrit la croissance exponentielle du réseau de distributeurs et des ventes lorsqu'un distributeur recrute de nouveaux membres, qui à leur tour recrutent d'autres membres, créant ainsi un effet de multiplication.

Explication détaillée : C'est tout l'intérêt de pratiquer le marketing de réseau. Contrairement à une progression linéaire, où la croissance est constante, la progression géométrique entraîne une augmentation rapide et exponentielle du nombre de distributeurs et des ventes.

Exemple : Sacha recrute 3 distributeurs, qui recrutent chacun 3 distributeurs, et ainsi de suite. En quelques cycles de recrutement, son réseau peut compter des dizaines de membres.

Conseil pratique : il faut parfois patienter quelques années avant qu'une progression géométrique significative débute. Ayez-le à l'esprit.

Projet de vie

Définition : Un projet de vie en marketing de réseau est un plan à long terme alignant les objectifs personnels et professionnels d'un individu avec les opportunités offertes par le marketing de réseau.

Explications détaillées : Dit autrement, c'est un projet professionnel qui sert un projet de vie. Ce concept englobe la vision globale qu'une personne a pour sa vie, incluant ses aspirations financières, familiales, professionnelles et personnelles. En marketing de réseau, un projet de vie peut inclure des objectifs de revenu, de développement personnel, de style de vie, et de contribution à la communauté. Il sert de boussole pour guider les actions et les décisions au quotidien.

Exemple : Remy intègre le marketing de réseau dans son projet de vie pour atteindre l'indépendance financière, lui permettant de passer plus de temps avec sa famille et de voyager.

Conseils pratiques : Trouvez votre "Why" au sens où l'entend Simon Sinek (20).

Promotion

Définition : La promotion désigne les activités et stratégies mises en place pour augmenter la visibilité des produits et services, attirer de nouveaux clients et recruter des distributeurs.

Explications détaillées : En marketing de réseau, on parle de la promotion des événements ou de son opportunité d'affaires.

C'est tout un art de faire adhérer autrui à une cause, un mouvement, une grande idée.

Exemple : Au sein de ses équipes, Yann fait la promotion d'une convention à laquelle il souhaite que tous viennent.

Conseils pratiques : Cela demande de développer une compétence à inspirer les autres (22).

Prospect

Définition : Un prospect en marketing de réseau est une personne potentiellement intéressée par les produits ou l'opportunité d'affaires proposés, mais qui n'a pas encore effectué d'achat ou rejoint le réseau.

Explications détaillées : Identifier et qualifier des prospects est une étape cruciale dans le processus de vente et de recrutement. Les prospects peuvent être trouvés via diverses méthodes, telles que le bouche-à-oreille, les réseaux sociaux, les événements, ou les campagnes de marketing. Une bonne gestion des prospects implique de comprendre leurs besoins, d'établir des relations et de les guider vers une décision d'achat ou de participation.

Exemple : Nina utilise LinkedIn pour identifier des professionnels intéressés par les opportunités de travail à domicile, qu'elle approche ensuite avec des informations personnalisées.

Conseil pratique : Rechercher massivement des prospects ne va pas sans maîtriser la conduite d'entretien individuel. Le mieux est de travailler en binôme avec un parrain ou une marraine d'expérience.

Prospectus

Définition : Un prospectus en marketing de réseau est un document imprimé ou numérique utilisé pour présenter les produits, services, ou opportunités d'affaires à des prospects.

Explications détaillées : Le prospectus doit être attractif, informatif et facile à comprendre. L'exemple type est le flyer.

Exemple : Cédric distribue des prospectus lors de salons professionnels, contenant des informations sur ses produits de bien-être et des offres spéciales pour les nouveaux clients.

Conseil pratique : Pour obtenir des retours sur la distribution de prospectus, comptez 2 pour 1000.

Qualification

Définition : La qualification en marketing de réseau est le processus par lequel un distributeur atteint certains critères ou objectifs pour obtenir des récompenses, des commissions, ou des niveaux de rang dans l'organisation.

Explications détaillées : Les critères de qualification peuvent inclure des volumes de vente, le recrutement de nouveaux membres, ou la formation de nouveaux leaders. La qualification est essentielle pour progresser dans le plan de compensation et accéder à des bénéfices supplémentaires. Elle encourage les distributeurs à maintenir des performances élevées et à développer leurs équipes.

Exemple : Claire se qualifie pour un bonus de performance après avoir atteint un certain volume de ventes personnelles et de groupe au cours d'un trimestre.

Conseils pratiques : Entretenez et développez un état d'esprit orienté objectifs et résultats. Les sportifs sont prédisposés à cela.

Qualification mensuelle

Définition : La qualification mensuelle est le processus par lequel un distributeur doit atteindre certains objectifs chaque mois pour maintenir son rang ou accéder à des commissions et des bonus.

Explications détaillées : Ces objectifs mensuels peuvent inclure des ventes personnelles minimales, des recrutements, ou des volumes de groupe. La qualification mensuelle assure une activité constante et motive les distributeurs à rester engagés et productifs.

Exemple : Hugo doit réaliser un minimum de 500 euros de ventes personnelles chaque mois pour maintenir son rang et ses commissions.

Conseils pratiques : Développez cette habitude de vous donner des objectifs quotidiens.

Quota de ventes

Définition : Le quota de ventes en marketing de réseau est un objectif de vente fixé que les distributeurs doivent atteindre dans une période donnée pour recevoir des commissions, des bonus ou maintenir leur rang.

Explications détaillées : Dans certains plans de rémunération, les achats personnels entrent dans le calcul de ces quotas. Ils peuvent inclure des ventes personnelles, des ventes de groupe, ou une combinaison des deux.

Exemple : Laetitia doit atteindre un quota de 2000 euros de ventes personnelles et de groupe, par mois, pour maintenir une qualification de chef de groupe.

Conseils pratiques : En phase de démarrage, 80 % de votre temps sera judicieusement alloué à la recherche de prospects.

R

Rang

Définition : Le rang en marketing de réseau est un niveau ou un statut attribué à un distributeur en fonction de ses performances, de ses ventes et de sa capacité à développer et soutenir une équipe.

Explications détaillées : Les rangs sont une composante essentielle des plans de compensation, représentant la progression et la réussite dans le réseau. Chaque rang atteint peut offrir des avantages supplémentaires tels que des commissions plus élevées, des bonus, et des opportunités de leadership. La montée en rang motive les distributeurs à améliorer leurs performances et à développer leur réseau.

Exemple : Sarah atteint le rang de "Directeur" après avoir recruté cinq distributeurs actifs et réalisé 10 000 euros de ventes de groupe.

Conseil pratique : Connaître les critères. Comprenez les critères spécifiques nécessaires pour atteindre chaque rang dans votre entreprise.

Rapport du CREDOC

Définition : Le Rapport du CREDOC (Centre de Recherche pour l'Étude et l'Observation des Conditions de Vie) est une étude prospective de 190 pages sur les « entreprises multi-niveaux » (23).

Explications détaillées : Le CREDOC publie régulièrement des rapports qui analysent divers aspects de la société et de l'économie, y compris les modes de consommation. Celui qui nous intéresse sur la vente multiniveaux fournit des insights précieux, sans jamais incriminer ce modèle économique.

Exemple : « Dans la très grande majorité des entreprises de vente directe, les vendeurs sont impliqués dans le recrutement de leurs pairs (...) les entreprises multiniveaux "délèguent" en totalité le recrutement de leurs vendeurs à la force de vente déjà en place. »

Conseils pratiques : Sans être une caution du MLM, ce rapport n'en est pas moins la preuve de sa légitimité légale, à présenter à vos prospects.

Recommandation

Définition : La recommandation en marketing de réseau est le processus par lequel un distributeur suggère à un prospect ou un client potentiel (parfois une relation personnelle) d'essayer un produit ou de rejoindre le réseau, souvent basé sur une expérience personnelle positive.

Explications détaillées : Les recommandations sont une forme puissante de marketing, car elles reposent sur la confiance et la crédibilité. Lorsqu'un distributeur recommande un produit ou une opportunité d'affaires, cela peut avoir un impact significatif sur la décision du prospect.

Exemple : David recommande à un collègue de rejoindre son réseau de marketing, expliquant les avantages qu'il a lui-même obtenus en termes de revenus et de développement personnel.

Conseil pratique : Authenticité. Soyez authentique et honnête dans vos recommandations, partageant vos expériences réelles et celles de vos clients.

Recrutement délégué

Définition : Le recrutement délégué en marketing de réseau désigne la pratique où une société MLM confie tout ou partie du processus de recrutement à des tiers personnes.

Explications détaillées : C'est dans le rapport du CREDOC qu'on peut lire le concept de recrutement délégué s'agissant des entreprises multiniveaux. En langage courant, il s'agit d'externalisation de la commercialisation. Les recruteurs délégués (les distributeurs indépendants) peuvent utiliser des stratégies spécifiques pour identifier, contacter et convertir des prospects en nouveaux distributeurs.

Exemple : Une société détient un brevet de produit high-tech. Elle décide d'externaliser la vente de cette technologie en la confiant à des indépendants qui auront le droit d'en recruter eux-mêmes.

Conseil pratique : C'est un concept utile à évoquer auprès d'un public CSP ++ (24) qui cherche à comprendre le modèle économique du MLM.

Rejet

Définition : Le rejet en marketing de réseau désigne la réponse négative et agressive d'un prospect ou d'un client potentiel face à une proposition de produit ou d'opportunité d'affaires.

Explications détaillées : Le rejet est une partie inévitable du marketing de réseau et peut survenir pour diverses raisons : manque d'intérêt, incompréhension du produit, mauvaise approche, etc. Savoir gérer le rejet de manière constructive est essentiel pour maintenir la motivation et continuer à avancer.

Exemple : Chloé, distributrice expérimentée, utilise chaque rejet comme une opportunité d'apprentissage pour affiner son pitch de vente et mieux comprendre les besoins des prospects.

Conseil pratique : Le rejet est souvent lié à l'approche de prospection, en ne qualifiant pas les contacts par exemple.

Relationnel

Définition : Le relationnel en marketing de réseau désigne l'ensemble de son carnet d'adresses. Ou bien la capacité à établir et maintenir des relations solides et authentiques avec les clients, les prospects et les membres de l'équipe.

Explications détaillées : Le succès en marketing de réseau repose en grande partie sur l'aptitude à établir des relations de confiance. Développer des compétences relationnelles fortes aide à fidéliser les clients, à motiver les membres de l'équipe et à favoriser un environnement de travail collaboratif.

Exemple : Clotilde utilise les lives sur les réseaux sociaux pour créer de la proximité avec ses contacts.

Conseil pratique : Les réseaux sociaux sont un outil fantastique pour rester en contact avec ses clients et ses prospects.

Réseau

Définition : Un réseau désigne l'ensemble des distributeurs, clients et partenaires connectés par l'intermédiaire d'une entreprise de vente directe, formant une structure organisée pour la distribution des produits et services.

Explications détaillées : Le réseau est la colonne vertébrale du marketing de réseau, permettant aux distributeurs de tirer parti des efforts collectifs pour maximiser les ventes et les recrutements. Un réseau solide est construit sur la confiance, la collaboration et la motivation partagée.

Exemple : William utilise des stratégies de marketing en ligne pour étendre son réseau à l'international, augmentant ainsi sa portée et ses opportunités de croissance.

Conseil pratique : Apprenez à créer des communautés engagées en ligne, une des clés majeures pour être à l'origine d'un réseau profitable.

Réseau de consommateurs associés

Définition : Un réseau de consommateurs associés est un groupe de clients fidèles, organisés pour tirer parti d'achats groupés.

Explications détaillées : Issue de la sociologie de la consommation, cette notion fait écho à la façon dont s'organisent les sociétés de vente directe.

Exemple : Anne anime ses clients comme ses équipes avec des techniques de dynamique de groupe. Ses clients ont un sentiment d'appartenance à une marque qui les fédèrent.

Conseils pratiques : programme de fidélité, service personnalisé, actions événementielles, écoute de clientèle sont quelques techniques à mettre en place.

Le dictionnaire des concepts en marketing de réseau

Réseau fantôme

Définition : Un réseau fantôme en marketing de réseau désigne un groupe de distributeurs totalement inactifs et nombreux.

Explications détaillées : Un réseau fantôme peut survenir lorsque les distributeurs sont recrutés mais ne reçoivent pas suffisamment de soutien ou de formation, ou lorsqu'ils s'inscrivent sans avoir rien à vendre ni à payer.

Exemple : Une personne lance l'idée d'un projet à venir avec des pré-inscriptions gratuites, en encourageant les inscrits à en parrainer d'autres, dans l'espoir d'être une future tête de réseau.

Conseil pratique : Rien n'est plus fragile qu'un réseau où personne n'est incité à s'engager. Attention aux sirènes "rien à vendre, rien à payer"...

Réseautage

Définition : Le réseautage désigne l'activité de créer et de développer des relations professionnelles pour échanger des informations, des conseils et des opportunités d'affaires.

Explications détaillées : Le réseautage peut se faire lors d'événements en personne, sur les réseaux sociaux ou via des plateformes en ligne dédiées.

Exemple : Jean participe régulièrement à des soirées entre décideurs de sa région, pour rencontrer d'autres professionnels et élargir son réseau de contacts.

Conseils pratiques : Il existe des sociétés spécialisées dans les événements de réseautage. Approchez-vous d'elles dans votre région. Tapez dans Google "clubs de réseautage d'entreprise".

Résilience

Définition : La résilience désigne la capacité à surmonter les défis, les échecs et les obstacles tout en restant motivé et déterminé à atteindre ses objectifs.

Explications détaillées : La résilience est une qualité décisive pour réussir dans l'entrepreneuriat, car le parcours est souvent ponctué de rejets, de déceptions et de revers. Les distributeurs résilients apprennent de leurs échecs, adaptent leurs stratégies et continuent à avancer avec optimisme et persévérance.

Exemple : Samuel voit plusieurs de ses recrues abandonner, mais il continue à recruter et à former de nouveaux membres avec une attitude positive.

Conseil pratique : Mentalité positive. Adoptez une mentalité de croissance et voyez les échecs comme des opportunités d'apprentissage.

Réunion à domicile

Définition : Une réunion à domicile est un événement organisé chez un distributeur ou un client pour présenter les produits et opportunités d'affaires de manière conviviale et interactive.

Explications détaillées : Les réunions à domicile sont un moyen efficace de démontrer les produits en direct, de répondre aux questions en temps réel et de créer une atmosphère détendue propice à l'engagement. Elles favorisent également les relations personnelles et le bouche-à-oreille positif.

Exemple : Laurent utilise des démonstrations de produits de bien-être lors de ses réunions à domicile pour montrer les avantages en temps réel, augmentant ainsi les ventes.

Conseil pratique : Scénographie. Préparez soigneusement votre présentation et assurez-vous d'avoir suffisamment de produits pour les démonstrations.

Revenu complémentaire

Définition : Le revenu complémentaire en marketing de réseau désigne les gains supplémentaires générés en parallèle d'une activité principale, offrant une source de revenu additionnelle.

Explications détaillées : Beaucoup de distributeurs commencent le marketing de réseau pour obtenir un revenu complémentaire, ce qui peut aider à atteindre des objectifs financiers, à rembourser des dettes ou à améliorer leur qualité de vie.

Exemple : Isabelle, enseignante à temps plein, génère un revenu complémentaire grâce à la vente de produits technologiques lors de ses temps libres, améliorant ainsi son niveau de vie.

Conseils pratiques : Optimisation des efforts. Recherchez et utilisez des stratégies efficaces pour maximiser vos résultats dans le temps que vous avez alloué (25).

Revenu passif

Définition : Le revenu passif en marketing de réseau désigne les gains obtenus sans effort continu, généralement grâce aux ventes et au travail d'une équipe ou d'un réseau de distributeurs.

Explications détaillées : Contrairement aux revenus actifs, le revenu passif provient d'activités déjà établies, comme les commissions sur les ventes récurrentes de produits ou les revenus générés par l'équipe. Ce type de revenu permet de maintenir une stabilité financière avec un effort réduit une fois le réseau mis en place.

Exemple : Linda reçoit des commissions mensuelles des ventes récurrentes de ses clients abonnés au service d'autoship.

Conseil pratique : À strictement parler, les revenus passifs sont une expression financière qui désigne des profits tirés d'investissements boursiers. Auprès de vos contacts, parlez plutôt de revenus récurrents.

Revenu récurrent

Définition : Le revenu récurrent en marketing de réseau est un revenu généré de manière régulière, souvent mensuellement, grâce à des achats répétés de produits par une base de clients.

Explications détaillées : Ce type de revenu est l'intérêt majeur du marketing de réseau. Il assure un flux de trésorerie constant et permet une meilleure prévision des revenus futurs.

Exemple : Romain a un réseau de plusieurs milliers de distributeurs et clients. Tous les mois, il perçoit des commissions issues de cette organisation.

Conseil pratique : Les revenus récurrents proviennent en général de la vente de biens de consommation courante ou d'un système d'abonnement. Mettez en place de la récurrence de chiffre d'affaires.

Revenu résiduel

Définition : Le revenu résiduel est un revenu continu perçu grâce aux efforts passés, notamment les ventes effectuées par les distributeurs de votre réseau.

Explications détaillées : Ce revenu se cumule avec le temps, offrant une source de revenu stable et durable même si vous réduisez votre activité. Selon les sociétés, il se transmet même de génération en génération.

Exemple : Cela fait cinq ans que Gisèle n'est plus active dans son marketing de réseau, mais perçoit cependant tous les mois un revenu résiduel pour avoir crée un vaste réseau.

Conseil pratique : Les revenus résiduels proviennent presque exclusivement d'une forte activité de recrutement

Royalties

Définition : Les royalties sont des commissions avec cette signification qu'elles sont dues au titre d'être le créateur du réseau qui les a générées.

Explications détaillées : Très peu de sociétés parlent de royalties en guise de commission. Ce sont principalement des commissions d'équipe.

Exemple : Une entreprise de vente directe communique sur l'idée que le réseau crée appartient à son distributeur.

Conseil pratique : Une question intéressante est de savoir dans quelle mesure votre société de MLM accepte que votre organisation de distributeurs soit un actif pour vous personnellement.

S

Script

Définition : Un script en marketing de réseau est un guide ou un texte pré-rédigé utilisé par les distributeurs pour communiquer de manière cohérente et efficace avec les prospects.

Explications détaillées : Les scripts aident les distributeurs à structurer leurs conversations, à s'assurer qu'ils couvrent tous les points essentiels et à répondre aux objections courantes. Ils peuvent être utilisés pour les appels téléphoniques, les présentations en face-à-face, et les communications par e-mail ou sur les réseaux sociaux.

Exemple : Justine utilise un script pour ses appels de prospection, ce qui lui permet de rester concentrée et de transmettre toutes les informations nécessaires.

Conseils pratiques : Créez par vous-même des scripts, testez-les et actualisez-les en fonction des retours d'expérience.

Seldia

Définition : Seldia, ou *European Direct Selling Association*, est l'organisation européenne représentant les entreprises de vente directe, incluant celles de marketing de réseau.

Explications détaillées : Fondée en 1968, Seldia promeut les intérêts de l'industrie de la vente directe en Europe, assurant la conformité aux régulations, l'éthique des pratiques commerciales, et offrant des ressources et du soutien à ses membres. Elle joue un rôle crucial dans la défense et la promotion de l'industrie auprès des institutions européennes.

Exemple : En collaborant avec les autorités nationales, Seldia aide à harmoniser les régulations de la vente directe à travers l'Europe.

Conseils pratiques : Travailler avec une entreprise adhérente à une organisation garante de la conformité aux régulations est un plus indéniable. Ne sous-estimez pas les standards et les recommandations de ces organismes.

Social selling

Définition : Le social selling est l'utilisation des réseaux sociaux pour identifier, connecter et engager des prospects dans le but de générer des ventes.

Explications détaillées : Cette méthode repose sur la création de relations et l'engagement avec les prospects par le biais de contenus pertinents et de conversations authentiques sur les plateformes sociales. Elle est devenue le socle de la communication des marketeurs de réseau.

Exemple : Nicolas est très présent sur Instagram grâce à quoi il génère régulièrement des parrainages.

Conseils pratiques : Trois axes de travail indissociables sur les réseaux sociaux : publications, interactions, conversations.

Sponsor

Définition : Un sponsor en marketing de réseau est une personne qui recrute, forme et soutient de nouveaux distributeurs dans le réseau, jouant un rôle clé dans leur succès initial.

Explications détaillées : Le sponsor (mot anglais pour parrain) guide les nouveaux membres à travers le processus d'intégration, leur fournissant les outils et les ressources nécessaires pour réussir. Il est également responsable de leur formation continue et de leur motivation.

Exemple : Christine, une sponsor expérimentée, organise des sessions de formation hebdomadaires exclusivement pour les nouvelles recrues de son équipe.

Conseil pratique : Un signal fort d'encouragement est votre disponibilité.

Statistiques de rémunération

Définition : Les statistiques de rémunération en marketing de réseau sont des données qui montrent la distribution des revenus parmi les distributeurs d'une entreprise, offrant une vue d'ensemble des gains potentiels.

Explications détaillées : Ces statistiques aident à comprendre combien les distributeurs gagnent à différents niveaux de l'organisation, la proportion de ceux qui atteignent certains niveaux de revenus et les facteurs influençant ces résultats. Elles sont essentielles pour la transparence et pour établir des attentes réalistes.

Exemple : Une entreprise de marketing de réseau publie un rapport annuel montrant que 20 % de ses distributeurs gagnent plus de 50 000 euros par an.

Conseil pratique : les statistiques de rémunération sont un outil de parrainage, afin de mieux projeter dans l'avenir vos candidats.

Step tracker

Définition : Un step tracker est un outil utilisé en marketing de réseau pour suivre les progrès des distributeurs à travers les différentes étapes de formation et de développement.

Explications détaillées : Cet outil aide à monitorer les activités et les réalisations des distributeurs, permettant aux leaders de fournir un soutien ciblé et de s'assurer que les membres de leur équipe suivent les étapes nécessaires pour atteindre leurs objectifs.

Exemple : Luigi utilise un step tracker pour suivre les progrès de ses recrues, identifiant rapidement ceux qui ont besoin de soutien supplémentaire.

Conseil pratique : un step tracker digital permet à chaque distributeur de voir en temps réel où il en est dans son parcours de développement.

Stockage

Définition : Le stockage en marketing de réseau désigne la gestion des inventaires de produits par les distributeurs pour assurer la disponibilité des articles à vendre.

Explications détaillées : De plus en plus de sociétés de vente directe permettent à leurs distributeurs de ne stocker aucun produit, excepté pour sa consommation personnelle. Cependant il existe toujours une clientèle qui ne procède à aucun achat en ligne. Cela implique d'avoir un peu de stock, de suivre les niveaux de stock, de prévoir les besoins futurs et d'organiser l'espace de manière optimale.

Exemple : Sarah organise son espace de stockage en zones spécifiques pour différents types de produits, facilitant l'accès rapide et la gestion des commandes.

Conseil pratique : Analysez les tendances de vente pour prévoir les besoins futurs et éviter les surstocks ou ruptures. Souvent, vous réalisez une vente parce que le client voit physiquement le produit.

Storytelling

Définition : Le storytelling en marketing de réseau est l'art de raconter des histoires pour engager et persuader les prospects, en utilisant des récits authentiques et émotionnels.

Explications détaillées : Les histoires captivent l'attention et rendent les messages plus mémorables. En marketing de réseau, le storytelling permet de partager des témoignages de réussite, des expériences personnelles et des histoires de marque pour créer une connexion émotionnelle avec le public.

Exemple : Eva raconte son parcours de transformation personnelle grâce aux produits de santé qu'elle vend, inspirant ses prospects à essayer les produits.

Conseil pratique : Une technique puissante de réponse à une objection est de relater une histoire vraie. Tâchez de prévoir une histoire par objection prévisible.

Stratégie du billard

Définition : Cela consiste à demander à un prospect s'il connaît une personne susceptible d'être intéressée par vos offres.

Explication détaillée : C'est une approche indirecte de sonder les motivations de ce prospect qui peut vous déclarer son intérêt personnel pour vos offres.

Exemples : Amélie utilise des événements de réseautage pour toucher des individus bien connectés, amplifiant ainsi son réseau.

Conseils pratiques : Plutôt que de demander à quelqu'un s'il est ouvert à découvrir votre opportunité, commencez par savoir si dans son relationnel il serait d'accord pour vous recommander quelques personnes. Ce faisant, il peut vous communiquer des signaux d'intérêt pour lui-même.

Suivi

Définition : Le suivi en marketing de réseau désigne l'ensemble des actions entreprises pour maintenir le contact avec les prospects et les clients après une première interaction.

Explications détaillées : Le suivi efficace permet de transformer les prospects en clients et de fidéliser les clients existants. Il inclut des appels, des courriels, des messages personnalisés et des rappels.

Exemple : Marc utilise un CRM pour suivre ses interactions avec les prospects et planifier des rappels de suivi.

Conseil pratique : Les réseaux sociaux sont un excellent moyen de maintenir un suivi régulier sans être intrusif.

Système

Définition : Un système en marketing de réseau fait référence à l'ensemble des processus, outils et stratégies utilisés pour gérer et développer efficacement un réseau de distributeurs.

Explications détaillées : Un système bien structuré permet de standardiser les pratiques, d'assurer la duplicabilité et de soutenir les distributeurs dans leur développement. Cela inclut des formations, des outils de communication, des plans de compensation et des méthodes de suivi.

Exemple : Katerina suit aussi bien ses prospects, ses clients que ses équipes.

Conseils pratiques : Sachez bien que suivre vos prospects multiplie par trois vos parrainages.

Système de formation

Définition : Un système de formation en marketing de réseau est un ensemble structuré de programmes et de ressources éducatives destinés à former les distributeurs pour maximiser leur efficacité et leur succès.

Explications détaillées : C'est un dispositif qui inclut des modules de formation en ligne, des ateliers, des webinaires, des manuels et des sessions de mentorat. Il couvre des sujets comme les techniques de vente, le développement personnel, le leadership et la connaissance des produits.

Exemple : Une entreprise de marketing de réseau offre une plateforme en ligne avec des cours interactifs et des vidéos pour former les nouveaux distributeurs.

Conseil pratique : Incluez des éléments interactifs comme des quiz et des forums de discussion pour engager les participants.

T

Taux de renouvellement

Définition : Le taux de renouvellement en marketing de réseau mesure la fréquence à laquelle les distributeurs ou clients renouvellent leur adhésion ou leurs commandes sur une période donnée.

Explications détaillées : Un taux de renouvellement élevé indique une satisfaction et une fidélité fortes, tandis qu'un taux bas peut signaler des problèmes de satisfaction ou de valeur perçue. Le renouvellement est crucial pour la stabilité des revenus et la croissance du réseau.

Exemple : Une entreprise améliore son taux de renouvellement en offrant des programmes de fidélité et des réductions pour les abonnements récurrents.

Conseils pratiques : Avant de jeter votre dévolu sur une compagnie de marketing de réseau, demandez son taux de renouvellement des commandes.

Taux de rétention

Définition : Le taux de rétention en marketing de réseau indique le pourcentage de distributeurs ou clients qui restent actifs sur une période donnée.

Explications détaillées : Un taux de rétention élevé est un indicateur de réussite du réseau et de vos futures opérations de recrutement. Il est essentiel pour la croissance durable du réseau.

Exemple : Un leader confirmé sait qu'il y a un lien étroit entre le soutien de ses distributeurs et un bon taux de rétention.

Conseil pratique : Notez que le coût de rétention est généralement inférieur au coût d'acquisition de nouveaux membres.

Taux de transformation

Définition : Le taux de transformation mesure le pourcentage de prospects qui se transforment en clients ou distributeurs actifs.

Explications détaillées : Un taux de transformation élevé indique une efficacité dans les processus de prospection et de vente. Cela peut être influencé par la qualité des leads, les compétences de vente et l'efficacité des outils de présentation.

Exemple : Alexis organise des événements de démonstration produits, augmentant ainsi le taux de transformation grâce à des expériences directes.

Conseil pratique : Qualification des leads. Concentrez-vous sur les prospects qualifiés pour maximiser les chances de transformation.

Le dictionnaire des concepts en marketing de réseau

Tête de réseau

Définition : La tête de réseau en marketing de réseau désigne le leader principal ou l'initiateur du réseau de distributeurs, souvent considéré comme la figure de proue de l'organisation.

Explications détaillées : Ce leader joue un rôle crucial dans le développement et la motivation de l'ensemble du réseau. Il établit des stratégies, forme les nouveaux membres et sert de modèle pour les autres distributeurs.

Exemple : Nathalie, leader d'un réseau de produits immobiliers, développe des stratégies de croissance et de duplication pour son équipe.

Conseil pratique : Développez vos compétences en leadership pour inspirer et guider efficacement votre équipe.

Trafic d'influence

Définition : Le trafic d'influence en marketing de réseau désigne une utilisation compromettante de ses relations à l'intérieur d'un réseau pour tirer des avantages indus comme une qualification sans l'avoir mérité.

Explication détaillée : Cette stratégie, si c'en est une, exploite la complicité d'une équipe de direction qui, pour attirer des leaders extérieurs avec leur réseau, offre des avantages que le commun des nouveaux membres n'auraient pas.

Exemple : Un distributeur vient de s'inscrire dans une compagnie de marketing de réseau, avec à la clef 10 000 membres sous lui, sur le chiffre d'affaires desquels il touche d'ores et déjà des commissions.

Conseils pratiques : Vous êtes seul.e juge de savoir si vous restez ou pas dans un tel réseau. En même temps, un réseau 100 % irréprochable n'existe pas.

Le dictionnaire des concepts en marketing de réseau

Tunnel de parrainage

Définition : Le tunnel de parrainage en marketing de réseau est un processus structuré pour guider les prospects depuis leur première interaction jusqu'à leur inscription en tant que distributeurs.

Explications détaillées : Ce tunnel inclut plusieurs étapes telles que la prise de contact, la présentation de l'opportunité, le suivi, et la finalisation de l'inscription. Chaque étape est conçue pour éduquer, engager et convaincre le prospect.

Exemple : Laurine s'inspire des tunnels de vente pour prospecter en ligne.

Conseils pratiques : L'intérêt d'un tunnel de vente est son automatisation. Il existe des applications qui vous facilitent la vie dont une des plus connues, et qui n'est pas la seule, est Systeme.io.

Tunnel de vente

Définition : Le tunnel de vente en marketing de réseau est un processus structuré pour guider les prospects depuis la prise de conscience jusqu'à l'achat final de produits ou services, en ayant recours à un funnel builder.

Explications détaillées : Ce tunnel comprend autant de pages web que d'étapes, y compris la génération de leads, la qualification, la présentation, le suivi, et la clôture de la vente.

Exemple : Loïc utilise des pages de capture et des séquences d'emails pour guider les prospects à travers le tunnel de vente, fournissant des informations et des offres à chaque étape.

Conseil pratique : Testez et optimisez chaque étape du tunnel pour améliorer les taux de conversion.

Le dictionnaire des concepts en marketing de réseau

UFC Que choisir ?

Définition : L'*UFC Que choisir?* est une association française de consommateurs qui fournit des informations, des conseils et des comparatifs sur divers produits et services pour protéger et défendre les intérêts des consommateurs.

Explication détaillée : En octobre 2012, *UFC Que choisir ?* publie un dossier spécial, dédié à la vente multiniveaux, à l'intérieur duquel elle titre : *Multiniveau ne veut pas dire pyramidal.*

Exemple : Alexandra se sert de ce dossier spécial dans ses présentations d'affaires.

Conseil pratique : Il existe beaucoup de documents officiels, institutionnels ou qui font autorité dont vous pouvez vous servir dans vos présentations.

Le dictionnaire des concepts en marketing de réseau

Up-line

Définition : L'up-line en marketing de réseau désigne les distributeurs situés au-dessus d'un individu dans la hiérarchie du réseau, souvent responsables de son recrutement et de son mentorat.

Explications détaillées : Les membres de l'up-line jouent un rôle crucial en fournissant du soutien, de la formation et de la motivation à leurs down-lines. Ils bénéficient également des performances de leurs down-lines, ce qui incite à un mentorat efficace.

Exemple : Benoît reçoit un soutien continu de son up-line, qui l'aide à développer ses compétences en vente et à recruter de nouveaux membres.

Conseil pratique : Engagez-vous activement dans le mentorat de vos down-lines pour renforcer le réseau, ou apprenez à le faire. Vous progresserez deux fois plus vite.

VDI

Définition : Le VDI (Vendeur à Domicile Indépendant) est un statut en France qui permet à une personne de vendre des produits ou des services de manière indépendante sans être salarié.

Explications détaillées : Le statut de VDI offre une flexibilité et une simplicité administrative, permettant aux distributeurs de démarrer une activité de vente directe sans créer une entreprise classique. Les VDIs bénéficient d'un régime fiscal et social spécifique.

Exemple : Greg utilise le statut de VDI pour tester le marché avant de décider de créer sa propre entreprise en tant qu'autoentrepreneur.

Conseil pratique : Familiarisez-vous avec les avantages et les obligations du statut de VDI pour savoir en parler, car c'est un véritable argument de recrutement.

Véhicule

Définition : Un véhicule en marketing de réseau désigne souvent un moyen symbolique utilisé pour atteindre vos objectifs de rêve.

Explications détaillées : Le modèle économique du marketing de réseau est le véhicule pour atteindre la liberté financière. En outre, et cela n'a rien à voir, les entreprises de marketing de réseau offrent fréquemment des véhicules comme incitation pour atteindre certains objectifs de vente ou de recrutement. Ces récompenses servent à motiver les distributeurs et à démontrer le potentiel de réussite au sein de l'entreprise.

Exemple : Quentin utilise la possibilité de gagner une voiture comme argument de motivation pour recruter et motiver ses équipes.

Conseils pratiques : L'idée principale est d'apprendre à projeter dans l'avenir vos futurs partenaires d'affaires, à travailler vos scripts, et à prendre note de ce qui se dit dans les appels à trois.

Vente directe

Définition : La vente directe est un modèle de vente où les produits ou services sont commercialisés directement aux consommateurs sans intermédiaires, souvent par le biais de démonstrations en personne, de réunions à domicile ou de vente en ligne.

Explications détaillées : Ce modèle permet une interaction personnelle entre le vendeur et le consommateur, facilitant des démonstrations de produit et des explications détaillées.

Exemples: Claire organise des démonstrations de cuisine à domicile pour vendre des ustensiles de cuisine, créant une expérience interactive pour ses clients.

Conseils pratiques : Offrez une expérience d'achat personnalisée pour mieux répondre aux besoins des clients. Dit autrement, demandez-vous toujours si ce que vous faites au cours d'un entretien de vente est suffisamment personnalisé.

Vente multiniveaux

Définition : La vente multiniveaux (MLM) est un modèle de marketing de réseau où les distributeurs gagnent des commissions non seulement sur leurs ventes directes, mais aussi sur les ventes réalisées par les personnes qu'ils ont recrutées dans le réseau.

Explications détaillées : Ce modèle encourage la croissance du réseau en incitant les distributeurs à recruter de nouveaux membres et à former une équipe. Les commissions peuvent s'étendre sur plusieurs niveaux, d'où le terme "multiniveaux".

Exemple : Jacques utilise le modèle MLM car il excelle à parler business. Il ne fait qu'une seule chose, parrainer de nouveaux membres.

Conseil pratique : Quand vous ne faites que parrainer du monde, 80 % des nouveaux membres sont quant à eux plutôt dans la vente. C'est utile pour comprendre que les parraineurs sont une minorité dans les réseaux.

Vente pyramidale

Définition : La vente pyramidale est un modèle illégal de marketing où les participants gagnent principalement en recrutant de nouveaux membres plutôt qu'en vendant des

Le dictionnaire des concepts en marketing de réseau

produits ou services, souvent avec des promesses de gains rapides et élevés.

Explications détaillées : Ce modèle repose sur un recrutement exponentiel, où chaque niveau de recrues doit en recruter d'autres pour que les participants initiaux gagnent de l'argent. En l'absence de ventes réelles de produits, les systèmes pyramidaux finissent par s'effondrer lorsque le recrutement ralentit, entraînant des pertes financières pour la majorité des participants.

Exemple : Un programme promettant des retours sur investissement élevés uniquement en recrutant d'autres membres, sans réel produit ou service à vendre, a été démantelé pour fraude pyramidale.

Conseil pratique : Aux USA, les organismes fédéraux regardent si dans les comptes des entreprises surveillées, celles-ci ont plus d'actifs que de commissions à devoir. Dans ces entreprises délictueuses en effet, des gens en grand nombre finissent toujours par ne pas être payés.

Vente sociale

Définition : La vente sociale est une stratégie de vente qui utilise les réseaux sociaux pour interagir directement avec les prospects, construire des relations et finalement vendre des produits ou services.

Explications détaillées : Cette approche implique l'utilisation de plateformes comme Facebook, Instagram, LinkedIn et autres pour identifier les prospects, partager du contenu pertinent, engager des conversations et développer des relations de confiance. Elle permet une personnalisation et une portée plus large que les méthodes de vente traditionnelles.

Exemple : Caroline utilise Instagram pour partager des conseils de nutrition, attirant ainsi des clients.

Conseil pratique : Une compétence clé d'aujourd'hui est de créer une visibilité significative sur les réseaux sociaux. Un point de départ est de vous spécialiser dans l'utilisation d'un seul réseau social.

Vision

Définition : La vision en marketing de réseau désigne la capacité d'un leader ou d'une entreprise à définir un objectif à long terme et à inspirer les membres du réseau à travailler ensemble pour atteindre cet objectif.

Explications détaillées : Une vision claire et inspirante est essentielle pour motiver et guider les distributeurs. Elle donne un sens et une direction à leurs efforts, créant une cohésion et une détermination collective. Une vision peut être liée à des objectifs financiers, des missions sociales ou des aspirations personnelles.

Exemple : Pamela, leader dans une entreprise High Tech, communique une vision centrée sur les progrès scientifiques, inspirant son équipe à se consacrer à cette mission.

Conseils pratiques : Pour commencer, définissez et écrivez une vision claire et concrète pour votre équipe.

Volume de groupe

Définition : Le volume de groupe en marketing de réseau est la somme des ventes générées par un distributeur et son équipe de down-lines sur une période donnée.

Explications détaillées : Le volume de groupe est souvent utilisé pour déterminer les qualifications pour les commissions, les bonus et les promotions. Il reflète la performance collective de l'équipe et est un indicateur clé de la croissance et de la santé du réseau personnel.

Le dictionnaire des concepts en marketing de réseau

Exemple : Sarah Paul motive ses distributeurs à augmenter leurs ventes, ce qui augmente le volume de groupe et améliore leurs commissions collectives.

Conseil pratique : Créez une newsletter spécialement pour votre équipe.

Volume personnel

Définition : Le volume personnel en marketing de réseau représente la somme des ventes réalisées directement par un distributeur sur une période donnée.

Explications détaillées : Ce volume est un indicateur de la performance individuelle et est souvent utilisé pour calculer les commissions et les bonus. Il reflète l'efficacité personnelle du distributeur dans la vente des produits.

Exemple : Zico se concentre sur l'amélioration de ses techniques de vente pour augmenter son volume personnel et atteindre ses objectifs de revenus.

Conseil pratique : Améliorez constamment vos compétences en vente et en prospection.

Volume qualifiant

Définition : Le volume qualifiant en marketing de réseau est le volume de ventes requis pour atteindre certains niveaux de compensation, de bonus ou de rangs au sein de l'entreprise.

Explications détaillées : Ce volume est souvent une combinaison de volume personnel et de volume de groupe. Atteindre le volume qualifiant est essentiel pour progresser dans la structure de rémunération et bénéficier de récompenses supplémentaires.

Exemple : Sébastien planifie des promotions spéciales pour augmenter les ventes et atteindre le volume qualifiant pour un nouveau rang.

Conseils pratiques : Planifiez sur l'année les promotions pour stimuler vos ventes en fonction des dates des principales fêtes.

Zoom

Définition : Zoom fait référence à l'utilisation de la plateforme de vidéoconférence Zoom pour organiser des réunions, des présentations et des formations en ligne.

Explications détaillées : Zoom permet aux distributeurs de se connecter facilement avec leurs équipes et leurs prospects, quel que soit leur emplacement géographique. Cela facilite les communications, les démonstrations de produits et les sessions de formation interactive.

Exemple : Cassandre utilise Zoom pour présenter les opportunités de son entreprise à des prospects internationaux, augmentant ainsi sa portée et son recrutement.

Conseil pratique : Utilisez les fonctionnalités interactives de Zoom, comme les sondages et les salles de petits groupes, pour engager votre audience. Assurez-vous que vos présentations sur Zoom sont professionnelles et bien préparées.

Partie 3

Mais encore...

Pour conclure.

Perspectives d'avenir.
L'avenir des techniques en marketing de réseau.

Cela fait déjà des années que la professionnalisation est en marche dans le monde du marketing de réseau. Si ce métier a été si souvent décrié, c'est sans doute aussi en raison d'un grand nombre de distributeurs mal formés, peu encadrés ou qui n'avaient tout simplement rien à faire dans cette activité.

Cette profession se voulait la championne des revenus complémentaires. Elle attirait ainsi des foules de curieux qui se contentaient de tester le modèle économique. Aujourd'hui, le marketing de réseau est en concurrence avec un grand nombre de business en ligne. Pour diversifier vos revenus, vous n'avez que l'embarras du choix. Le marketeur relationnel doit composer avec, s'il veut proposer son opportunité d'affaires dans de bonnes conditions.

Cela entraîne plus de design, plus de fiabilité, plus de maîtrise. Et surtout, plus de benchmarking. Entendez : apprendre et s'inspirer des meilleures pratiques dans d'autres métiers. Et les business en ligne ont de quoi influencer pour toujours le marketing de réseau. Les réseaux sociaux, le webmarketing, le e-commerce ont un point commun. Ils reposent sur la maîtrise de la langue. Avec Internet, nous sommes entrés dans l'ère des publications personnelles. Jamais il n'a été aussi indispensable de manier l'écrit et l'oral ; les concepts et les idées.

C'est dans ce contexte que les marketeurs de réseau évoluent. J'observe que les meilleurs d'entre eux dominent le *social selling* (voir ce mot dans ce livre) dont la *duplicabilité* (idem) est plutôt faible. Mais ce n'est pas tant les marketeurs relationnels qui doivent s'adapter que les entreprises de vente directe.

Je prévois que la vente directe va de plus en plus s'orienter vers un *marketing d'affiliation*. En même temps, celui-ci devra emprunter à la vente directe ses pratiques de personnalisation. Le marketing de réseau ne va pas disparaître, bien au contraire. Parce qu'il sera plus technique, il sera plus gratifiant.

Pour anticiper les évolutions du marketing de réseau, observez les entreprises de vente directe les plus avancées sur le plan numérique. Toutefois, il est probable que vous n'ayez pas le temps de mener des enquêtes pour les identifier. Dans ce cas, suivez de près l'actualité du marketing d'affiliation. Celui-ci est soumis à des changements et à des adaptations, face à une concurrence de plus en plus rude. Pourquoi le marketing d'affiliation ? Parce que c'est un marketing de la recommandation. Parce qu'il s'adapte, évolue, se transforme. La concurrence est féroce, mais c'est là que les tendances émergent ! À vos réseaux, prêts, partez !

Bibliographie

Pour approfondir vos connaissances.

Y croire et en rêver, Réussir dans le marketing relationnel de multiniveaux, Nathalie **Luca**, Editions *L'Harmattan*.

"45 secondes" qui changeront votre vie, Don **Failla**, Editions *Un monde différent*.

L'effet cumulé, Choisissez de décupler votre réussite, Darren **Hardy**, Editions ***Success | Book.***

Commencer par pourquoi, Simon **Sinek**, *Performance*-Editions.

Un rien peut tout changer, James **Clear**, Editions *Larousse*.

Go Pro, visez l'excellence, Eric **Worre**, Editions *Un monde différent*.

La boîte à outils du community manager, Clément **Pellerin**, Editions *Dunod*.

L'argent n'est pas le problème, c'est Vous ! Gary M. **Douglas** et Dr. Dain **Heer**, Editions *Le courrier du livre*.

Allez au bout de vos rêves, Tom **Barrett**, Editions *Un monde différent*.

Notes & références

Pour compléter votre lecture.

Le dictionnaire des concepts en marketing de réseau

(1) Un cas typique que j'ai déjà vu est un leader qui propose à l'ensemble de son réseau (et donc aux équipes de ses propres leaders sans demander leur avis) un produit extérieur à l'entreprise de vente directe.
(2) Selon le site officiel et public d'information administrative pour les entreprises.
(3) Les bâtisseurs sont aussi appelés business développeurs (ou business developer en anglais).
(4) Bloguer reste un excellent instrument de prospection, mais il demande d'acquérir de nombreuses compétences : rédaction, copywriting, référencement SEO, etc.
(5) Un simple tableur peut suffire mais il existe aussi des applications web dédiées au suivi commercial qui peuvent vous motiver à réaliser cette tâche.
(6) Je suis conscient que l'on peut toujours discuter de la valeur objective des informations sur ce site.
(7) Cette expression a été popularisée par le livre de Richard Bliss Brook : La carrière de quatre ans.
(8) Les activités de team building sont des jeux et des activités conçus pour aider les gens à mieux travailler ensemble et à s'entendre.
(9) Plus facile à dire qu'à faire ! Un raccourci est de choisir une société de MLM membre d'une fédération professionnelle.
(10) Un système de vente n'est pas soit totalement duplicable, soit pas du tout. Il a un certain degré de duplicabilité. Par exemple, si travailler avec un blog n'est pas simple, mieux vaut dire que sa duplicabilité est faible plutôt que ce n'est pas duplicable.
(11) Une fractale est un cas particulier dans la typologie des arborescences. Une pyramide est une structure arborescente, tandis qu'une arborescence n'est pas nécessairement une pyramide.
(12) J'aime bien dire que nous ne sommes pas des recruteurs mais des sélectionneurs. Apprenez à qualifier vos prospects.
(13) Certains outils peuvent vite s'avérer très pratiques, tel un logiciel d'automatisation.
(14) À strictement parler, le marketing d'attraction est l'inbound marketing, si vous souhaitiez effectuer des recherches sur le web.
(15) Ayez toujours des publications préparées à l'avance, cela stabilise la régularité qui influence les algorithmes.
(16) 12 mois dans le cas général. Mais avec Internet, cela peut aller plus vite.

(17) Pour des raisons légales, je ne peux hélas mentionner aucune marque.
(18) Le réseautage hors ligne a de beaux jours devant lui. À ne pas sous-estimer.
(19) Dit autrement, un niveau égale un degré de sépération. Les "six degrés de séparation" est une théorie sociale qui suggère que toute personne sur la planète est connectée à n'importe quelle autre personne à travers une chaîne de six relations d'amitié ou moins. En d'autres termes, on pourrait atteindre n'importe qui dans le monde en passant par un maximum de six intermédiaires.
(20) Lire avec intérêt *Commencer par pourquoi* de Simon **Sinek**.
(21) Lire avec intérêt *Un rien peut tout changer*, de James **Clear**.
(22) Si le chinois s'apprend, tout s'apprend, notamment l'art d'inspirer autrui.
(23) Il s'agit du rapport APPUI TECHNIQUE PROSPECTIF VENTE DIRECTE, rapport final validé lors du comité de pilotage du 15 novembre 2011.
(24) La catégorie socio-professionnelle (CSP) "++" est une classification utilisée en France pour désigner les individus appartenant aux groupes sociaux les plus favorisés.
(25) J'ai vu des gens devenir des Top Leaders en partant de zéro et à raison de cinq heures par semaine, mais c'est rare.
(26) Je sais que certains termes techniques pourraient être illustrés par des schémas. Dans de futures éditions sans doute...

www.ingramcontent.com/pod-product-compliance
Lightning Source LLC
Chambersburg PA
CBHW071829210526
45479CB00001B/58